Einleitung, Land und Leute

Reise-Infos von A bis Z

Routenbeschreibung

Extratouren

Kleiner Sprachführer, Index

Der Nordkap-Globus

Band 95

OutdoorHandbuch

Dirk Heckmann

Norwegen: Nordkap-Route

Norwegen: Nordkap-Route

Copyright Conrad Stein Verlag GmbH.
Alle Rechte vorbehalten.

Der Nachdruck, die Übersetzung, die Entnahme von Abbildungen, Karten, Symbolen, die Wiedergabe auf fotomechanischem Wege (z.B. Fotokopie) sowie die Verwertung auf elektronischen Datenträgern, die Einspeicherung in Medien wie Internet (auch auszugsweise) sind ohne vorherige schriftliche Genehmigung des Verlages unzulässig und strafbar.

Alle Informationen, schriftlich und zeichnerisch, wurden nach bestem Wissen zusammengestellt und überprüft. Sie waren korrekt zum Zeitpunkt der Recherche. Eine Garantie für den Inhalt, z.B. die immerwährende Richtigkeit von Preisen, Adressen, Telefon- und Faxnummern sowie Internetadressen, Zeit- und sonstigen Angaben, kann naturgemäß von Verlag und Autor - auch im Sinne der Produkthaftung - nicht übernommen werden.

Der Autor und der Verlag sind für Lesertipps und Verbesserungen (besonders per E-Mail) unter Angabe der Auflagen- und Seitennummer dankbar.

Dieses OutdoorHandbuch hat 192 Seiten mit 51 farbigen Abbildungen sowie 9 farbigen Kartenskizzen und eine farbigen, ausklappbaren Übersichtskarten. Es wurde auf chlorfrei gebleichtem Papier gedruckt, in Deutschland klimaneutral hergestellt und transportiert (die Zertifikatnummer finden Sie auf unserer Internetseite) und wegen der größeren Strapazierfähigkeit mit PUR-Kleber gebunden.

Dieses Buch ist im Buchhandel und in Outdoor-Läden erhältlich und kann im Internet oder direkt beim Verlag bestellt werden.

Titelfoto: Am Polarkreis

OutdoorHandbuch aus der Reihe „Der Weg ist das Ziel", Band 95

ISBN 978-3-86686-350-7 6., überarbeitete Auflage 2014

© Basiswissen für draussen, Der Weg ist das Ziel und FernwehSchmöker sind urheberrechtlich geschützte Reihennamen für Bücher des Conrad Stein Verlags

Dieses OutdoorHandbuch wurde konzipiert und redaktionell erstellt vom Conrad Stein Verlag GmbH, Kiefernstraße 6, 59514 Welver,
☏ 023 84/96 39 12, FAX 023 84/96 39 13,
✉ info@conrad-stein-verlag.de, 💻 www.conrad-stein-verlag.de

 Werden Sie unser Fan: 💻 www.facebook.com/outdoorverlage

Text und Fotos: Dirk Heckmann
Karten: Heide Schwinn
Lektorat: Marie-Luise Großelohmann
Layout: Manuela Dastig

Gesamtherstellung: AZ Druck und Datentechnik GmbH, Kempten

Wir machen Bücher für

Abenteurer Geocacher Trekker
Wanderer Radfahrer **Pilger**
Kanufahrer Kreuzfahrer Camper
Globetrotter **Schnee-Begeisterte**
Träumer Entdeckungsreisende
Fremdsprecher **Naturverbundene**
Wohnmobilfahrer Genießer

kurzum ... für Aktive

Inhalt

Einleitung			8

Land und Leute — 11

Geschichte	12	Klima	18
Geografie	15	Bevölkerung	21
Flora und Fauna	16	Wirtschaft	23

Reise-Infos von A bis Z — 25

An- und Abreise	26	Medizinische Versorgung	40
Diplomatische Vertretungen	28	Mitternachtssonne	40
Einkaufen	28	Mittsommertag	41
Einreise	29	Nationalparks	41
Elektrizität	30	Notruf	42
Entfernungen	30	Pannenhilfe, Polarnacht	42
Essen und Trinken	30	Post und Telekommunikation	43
Foto, Film und Video	33	Rauchen, Sicherheit	44
Gasflaschen	34	Souvenirs	45
Geld, Gesundheit	35	Sport und Hobby	46
Information	35	Tanken	50
Jedermannsrecht	36	Tunnel	51
Kleidung, Literatur	38	Unterkunft	52
Mautstationen	39	Updates, Verkehrsregeln	55
Medien	40	Zeitzonen, Zoll	57

Routenbeschreibung — 59

E 6 - Informationen	60
Oslo	61
Los geht's!	67
Lillehammer	73
Trondheim	91
Steinkjer	100
Polarkreiszentrum	110
Narvik	118

Alta	130
Das Nordkap	138
Grenzverkehr	141

Extratouren — 143
Anreisevariante	144
1. Das Dach Norwegens - Jotunheimen	150
2. Vesterålen und Lofoten mit Pottwalsafaris Stø und Andenes	154
3. Die Küstenstraße Rv 17	160
4. Gletscher und Grotten - Svartisengletscher und Grønligrotta	162
5. Das „Tor zur Arktis" - Tromsø	164
6. Die nördlichste Stadt der Welt - Hammerfest	168

Kleiner Sprachführer — 171

Index — 188

Besuchen Sie uns doch einmal auf unserer Homepage.

Dort finden Sie ...

... aktuelle Updates zu diesem Outdoor-Handbuch und
zu unseren anderen Reise- und Outdoor-Handbüchern,
... Zitate aus Leserbriefen,
... Kritik aus der Presse,
... interessante Links,
... unser komplettes und aktuelles Verlagsprogramm &
viele interessante Sonderangebote für Schnäppchenjäger.

www.conrad-stein-verlag.de

Einleitung

In Norwegen wie auch in Schweden und Finnland regelt das sogenannte „Jedermannsrecht" das Verhalten der Menschen in der Natur. Es besagt, dass sich jeder frei in ihr aufhalten und fortbewegen kann, solange er keine Schäden anrichtet und Menschen und Tiere stört. Dieses Gewohnheitsrecht, das die starke Verbundenheit der Menschen mit der Natur ausdrückt, steht im Prinzip auch jedem Gast zu.

In den Sommermonaten jedoch ist das Land mit einem immer größer werdenden Touristenstrom konfrontiert. Besonders Wohnmobil- und Wohnwagen-Urlauber aus Italien, Frankreich und Deutschland machen sich auf den Weg ins Fjordgebiet oder ans Nordkap und verletzen das Jedermannsrecht: Abwasser und Abfälle werden „schnell" am Wegesrand entleert - die nächste Entsorgungsstation sei „leider" so weit weg, ist gelegentlich zu hören. Dieses Verhalten hat bereits zu Einschränkungen des Jedermannsrechts geführt. So dürfen Wohnmobile **nicht** mehr überall geparkt werden. Das „wilde" Entleeren von Abwassertanks ist völlig unnötig, denn die Zahl der Entsorgungsstationen hat in den vergangenen Jahren so stark zugenommen, dass man auf der Nordkap-Route mehrmals täglich die Möglichkeit hat, seine Abfälle zu entsorgen. Alleine auf der Strecke Oslo - Nordkap gibt es über 60 eingetragene Entsorgungsstationen. Die Entsorgungsstationen der zahlreichen Campingplätze sind nicht einmal mitgezählt.

Außerdem liegen die Campingplätze meist an wunderschönen Stellen, sodass der Aufenthalt in freier Wildbahn nicht unbedingt attraktiver ist. Abgesehen davon ist es doch auch etwas Nettes, am Abend mit Gleichgesinnten einen Plausch über das Erlebte und Gesehene zu halten. Man grüßt sich doch auch immer so freundlich, wenn man aneinander vorbeifährt! Und dass die Campingplätze teuer sind, kann man wirklich nicht behaupten. Im Schnitt zahlt man etwa NOK 150 bis 200 pro Stellplatz. Das sind keine € 15. Viele Campingplätze sind außerdem sehr kinderfreundlich eingerichtet mit Spielplätzen, großen Trampolins und Bademöglichkeiten. Das kann Ihnen kein wilder Campingplatz bieten!

Im Buch finden Sie eine Alternative zur Fährverbindung Kiel - Oslo, nämlich die sehr interessante Fährverbindung zwischen Hirtshals (DK) und Stavanger. Stavanger ist ein idealer Ausgangspunkt, um das Fjordgebiet von Süden her zu erkunden. Etwas südlich von Trondheim gelangen Sie dann wieder auf die E 6. Die 2.200 km lange **Europastraße 6** (E 6) bzw. E 69 von Oslo zum Nordkap ist durchgängig sehr gut ausgebaut und sowohl für Pkw, Wohnmobile, Motorräder als auch für Radfahrer angenehm zu fahren.

Anders stellt sich die Situation dar, wenn Sie für kurze Ausflüge die E 6 verlassen und in eine der kleineren Nebenstraßen abbiegen. Besonders im Fjordgebiet sind die Straßen oft schmaler, sodass Sie ab und an dem Gegenverkehr ausweichen müssen. Die Landschaft unterscheidet sich allerdings sehr von einer Fahrt auf der E 6: schneebedeckte Berge, Gletscher, steile Fjordhänge, Wasserfälle, ...

An besonders gefährlichen Engpässen befinden sich stets Ausweichbuchten, um ein gefahrloses Vorbeikommen zu gewährleisten. Die norwegischen Pkw-Fahrer sind sehr defensiv und verhalten sich Touristen gegenüber rücksichtsvoll. Lkw-Fahrer hingegen glauben bisweilen an die eingebaute Vorfahrt und fahren - wie im übrigen Europa auch - häufig mit überhöhter Geschwindigkeit.

Auf dem Weg zum Nordkap führt die E 6 durch zahlreiche kürzere und längere Tunnel. Der Straßenzustand und der Sicherheitsstandard in den Tunnelröhren sind hervorragend. Dies ist u.a. darauf zurückzuführen, dass die norwegische Regierung in den vergangenen Jahren finanziell besonders aufwendige Tunnelprojekte an private Unternehmen vergeben hat. Diese refinanzieren ihre Investitionen durch eine Gebühr bzw. Maut.

Um Oslo herum auf der E 6 Richtung Norden aber auch auf der E 18 Richtung Süden zu den Fähren von Larvik bzw. Langesund (neu) nach Dänemark existieren mehrere Mautstationen aufgrund neuer Tunnel/Brücken.

Zu fast jedem mautpflichtigen Tunnel gibt es zwar oft auch kostenfreie Parallelstrecken in erstklassigem Zustand, die aber meistens sehr zeitraubend zu fahren sind. Die großen Tunnelprojekte der vergangenen Jahre haben zahlreiche Fährverbindungen ersetzt und den Verlauf der E 6 begradigt. Die letzte E 6-Fähre verkehrt heute zwischen Bognes und Skarberget im Norden des Landes.

Eine Bitte sei an dieser Stelle geäußert: Nehmen Sie die Warnschilder „Elche", „Rentiere", „Schafe" und „Kühe" ernst. Besonders der „König" des skandinavischen Waldes, der Elch, wechselt bevorzugt in der Morgen und Abenddämmerung die Straßenseite. Dies gilt übrigens auch für Rentiere, denen man allerdings auch am helllichten Tag auf Einkaufsparkplätzen begegnen kann. Sollten Sie trotz aller Vorsicht in einen Wildunfall verwickelt werden, müssen Sie umgehend den Unfall der nächsten Polizeidienststelle melden. Außerdem können Sie die Notrufzentrale des Norwegischen Automobilverbandes (NAF) ☏ 81 00 05 05 anrufen.

Da außerhalb geschlossener Ortschaften meist eine Höchstgeschwindigkeit von 80 km/h vorgeschrieben ist, wird selten gedrängelt. Wenn sich einmal eine Autoschlange hinter einem langsameren Gefährt gebildet hat, schert dieses an einem Rastplatz oder einer Haltebucht aus und lässt die schnelleren Wagen passieren. Man bedankt sich mit einem freundlichen Winken.

Die rund 4.500 km, die für den Weg Oslo-Nordkap-Oslo zusammenkommen (ohne Abstecher), werden auf diese Weise zu einer angenehmen und stressfreien Fahrt.

Buchtipps aus dem Conrad Stein Verlag

Womosapiens
Geschichten rund ums Wohnmobil und seine Bewohner

Norbert Bobrich
OutdoorHandbuch Band 272
FernwehSchmöker
128 Seiten ▶ 56 Abbildungen

ISBN 978-3-86686-474-0

>> Reisemobil International: „Womosapiens [...] ist eine informative und heitere Lektüre für Reisemobilisten."

Tausend Tage Wohnmobil
In drei Jahren durch Amerika, Australien und Neuseeland

Hildegard Grünthaler
OutdoorHandbuch Band 130
FernwehSchmöker
350 Seiten ▶ 30 Abbildungen

ISBN 978-3-86686-403-0

>> Reisemobil: „Obendrein sind die Schilderungen so exakt, dass das fesselnde Buch als Reiseführer dient."

Land und Leute

Ruhender Elch

Geschichte

Nach dem Ende der Eiszeit vor rund 12.000 Jahren siedelten die ersten Menschen in Norwegen. Die ältesten Spuren früher Siedlungen hat man im hohen Norden am Komsafjell bei Alta gefunden. Dort haben Forscher über 70 Wohnplätze entdeckt. Die Menschen dort lebten von der Jagd bzw. vom Fischfang und sammelten Beeren oder Früchte. Sie bedienten sich dabei einfacher Jagdutensilien und waren in der Lage, Boote für den Fischfang zu bauen.

In der jüngeren Steinzeit zwischen 3.000 und 1.500 v.Chr. begann in Norwegen Ackerbau und Viehzucht. Funde in der südwestlichen Küstenlandschaft sowie den Randgebieten des Oslo- und Trondheimfjords zeigen zudem, dass die Bauern der Bronzezeit bereits mit Rad, Wagen und Pflug arbeiteten.

Eine extreme Klimaverschlechterung unterbrach die Entwicklung abrupt. Viele Siedlungen wurden aufgegeben, und die Menschen begaben sich auf den Weg nach Süden bis zum europäischen Festland. Am Ende dieser großen germanischen Völkerwanderung zerstreuten sich die Wikinger bzw. die „Normannen" - die Nordmenschen, wie sie auf dem europäischen Festland genannt wurden, in ganz Europa bis hinunter nach Italien. Die Wikinger veränderten durch ihre Feldzüge das Gesicht Europas. Mit Mut, Kriegsbereitschaft und in Kenntnis ausgeklügelter Bootsbautechniken beherrschten sie zwischen 800 und 1.000 n.Chr. Island und die Südwestküste Grönlands. Als wissenschaftlich erwiesen gilt, dass die Wikinger (Leif Eriksson) die ersten Europäer auf dem amerikanischen Kontinent waren.

Ende des 8. Jahrhunderts erreichten sie die Küsten des Fränkischen Reiches und das angelsächsische England. In England erzwangen die Wikinger 878 die Abtretung des Gebietes nördlich der Straße London-Chester. Über die großen Flüsse drangen sie von Köln, Trier und Paris bis zum Mittelmeer vor. Als sie im Jahr 911 unter der Führung Rollos die Gebiete an der unteren Seine als Lehen vom westfränkischen König Karl III erhielten und das Herzogtum Normandie - Land der Normannen - gründeten, war die Expansion in Europa nicht mehr aufzuhalten. In Norwegen besiegte Harald Hårfagre (Harald Schönhaar) im Jahr 872 n.Chr. die vielen Kleinkönige des Landes und vereinte Norwegen zu einem Königreich.

Einen großartigen Eindruck von der Wikingerzeit vermittelt das Osebergschiff, das 1904 am äußeren Oslofjord bei Slagen ausgegraben wurde. Heute können Sie diesen Fund aus der Wikingerzeit auf der Museumsinsel Bygdøy bei Oslo

Wikinger

besichtigen. Das Osebergschiff wurde vermutlich um 800 gebaut und im 11. Jh. versenkt, wahrscheinlich anlässlich einer würdigen Bestattung.

Am Ende der Wikingerzeit begann die Christianisierung des Nordens. Zeugen dieser Zeit sind die etwa 30 noch erhaltenen **Stabkirchen** des Landes. Die Holzkirchen haben ihren Namen von den wuchtigen Kiefernholzmasten, die den überhöhten rechteckigen Mittelraum tragen, an den sich niedrigere Seitenschiffe anschließen. Ihre Holzschindeldächer, die reich geschnitzten Ornamente und der Drachenkopfschmuck machen sie einzigartig. Eine große Rolle in den ländlichen Gegenden spielten die im 12. und 13. Jh. gegründeten Klöster. Die Mönche brachten Kulturpflanzen und -tiere mit. Durch sie entwickelten sich die Landwirtschaft und der Obstanbau im Norden.

Mit den Wikingern kam der Handel in großem Stil auf das europäische Festland. Bedeutende Handelssiedlungen der schwedischen Wikinger wie Dorestad im Fränkischen Reich, Haithabu an der Schlei in Norddeutschland sowie Holmgardr (Nowgorod) und Känugardr (Kiew) zeugen von der Wirtschaftskraft der Wikinger. Die Slawen bezeichneten die fremden Siedler und Händler als „Rus", wovon der Name Russland abgeleitet worden sein soll.

In der zweiten Hälfte des 12. Jh. begann die Expansion der Hanse. Überwiegend deutsche Kaufleute zog es in die großen Städte des Ostseeraumes und auch nach Bergen, dem damaligen Zentrum des norwegischen Reiches. Der Handel mit Stockfisch (Dorsch) und Getreide, aber auch der Getreideimport nach Norwegen war für die Lübecker Kaufleute ein wichtiger Grund, mit Bergen Handelsbeziehungen aufzunehmen. Bergen zählte zwischen 1350 und 1500, in der Blütezeit der Hanse, neben Brügge, London und Nowgorod zu den vier größten ausländischen Niederlassungen. Bis 1300 waren die Städte Bergen, Trondheim und Stavanger die wichtigsten politischen, wirtschaftlichen und geistigen Zentren Norwegens. Erst danach erlangte der Raum um den Oslograben mit dem Zentrum Oslo zunehmende Bedeutung. Die Stadt wurde Bischofssitz und erlebte 1286-1350 als Residenzstadt eine erste Blütezeit.

Nach dem Ende der Kalmarer Union 1523, in der Norwegen, Dänemark und Schweden seit 1397 vereinigt waren, blieb Norwegen bis 1814 mit Dänemark verbunden. Es wurde von dänischen Königen regiert.

Im Jahr 1814 trat Dänemark im Kieler Vertrag Norwegen an Schweden ab. Gleichzeitig gab sich die Nationalversammlung in Eidsvoll am 17. Mai 1814 eine neue Reichsverfassung, die Norwegen wieder zu einem freien und unabhängigen Königreich machte. Daher ist der 17. Mai heute Norwegens Nationalfeiertag. Der dänische Statthalter Prinz Christian Friedrich (später auch Christian VIII. König von Dänemark) wurde zum König von Norwegen gewählt.

Der Einmarsch schwedischer Truppen erzwang jedoch am 4.11.1814 die Anerkennung des schwedischen Königs Karl XIII. als norwegischen Monarchen. Die schwedisch-norwegische Union hatte bis 1905 Bestand. Nach einer Volksabstimmung löste das Storting, das Parlament Norwegens, die Union mit Schweden auf, und Oslo wurde die Hauptstadt des Königreichs Norwegen.

Im Ersten Weltkrieg bewahrte das Land seine Neutralität. Nach dem Krieg erhielt Norwegen die Oberhoheit über Spitzbergen (Svalbard) und die Bäreninsel (Bjørnøya) und etwas später auch über einige Gebiete im Südpolarraum als „Anerkennung" für verschiedene Antarktis-Expeditionen, u.a. durch Roald Amundsen 1911.

Zu Beginn des Zweiten Weltkriegs erklärte Norwegen wieder seine Neutralität, doch die strategisch wichtige Lage des Landes sowie die Eisenerzausfuhr Schwedens über den eisfreien Hafen von Narvik veranlassten deutsche Truppen, am 9. April 1940 in Norwegen einzumarschieren. Die norwegische Regierung und die königliche Familie gingen ins Exil nach London. Der Führer der faschistischen „Nasjonal Samling", Vidkun Quisling, gründete 1942 eine von Reichskommissar Terboven abhängige Regierung. Die deutsche Kapitulation im Mai 1945 brachte auch die Befreiung Norwegens.

1949 gab Norwegen außenpolitisch seine Neutralität auf und trat der NATO bei. 1992 beantragte Norwegen formell seine Aufnahme in die EU, doch im November 1994 stimmte die Mehrheit der norwegischen Bevölkerung gegen eine Mitgliedschaft ihres Landes in der Europäischen Union.

Gletscherausblick

Geografie

Norwegen liegt im Westen der Skandinavischen Halbinsel und hat eine Nord-Süd-Ausdehnung von 1.752 km (Luftlinie). Bezieht man die Buchten und Fjorde in die Küstenlänge mit ein, erhält man eine Strecke von 21.340 km. Das ist mehr als der halbe Erdumfang. Zählt man die Küstenkilometer der über 150.000 norwegischen Inseln und Eilande hinzu, erhält man eine Gesamtküstenlänge von über 35.500 km. Allerdings sind nur 2.000 der 150.000 norwegischen Inseln bewohnt.

Die größte Ost-West-Ausdehnung beträgt 430 km, die schmalste Stelle erreicht gerade 6,3 km. Von der 386.958 km² großen Staatsfläche (inklusive Spitzbergen und Jan Mayen) liegt ein Drittel des Landes nördlich des Polarkreises. 60 % der Landmasse liegt unter 600 m Höhe, etwa ein Viertel ist höher als 1.000 m. Nur 7 % der Staatsfläche Norwegens sind Inseln.

Das Land wird fast auf der gesamten Länge von den **Skanden** durchzogen. Während das Gebirge, das in Mittelnorwegen die natürliche Grenze zu Schweden bildet, auf norwegischer Seite steil abfällt, läuft es auf schwedischer Seite sanft aus. Die 20 höchsten Berge Norwegens befinden sich im Bergmassiv des **Jotunheimen** mit dem **Galdhøpiggen** (2.469 m) als höchsten Gipfel. Viele Höhenlagen des Gebietes sind vergletschert.

Mit einer Ausdehnung von fast 1.000 km² (einschließlich der benachbarten Firnfelder) und einer Eisdicke von bis zu 500 m ist der **Jostedalsbreen** nach dem Vatnajökull auf Island die zweitgrößte Plateauvergletscherung Europas.

Als Folge der Eiszeit entstand in Norwegen eine einzigartige Fjordlandschaft mit z.T. tief ins Landesinnere reichenden Meeresarmen. Der längste Fjord ist der **Sognefjord**, der 204 km ins Land hineinragt und bis zu 1.308 m tief ist. Die steil aufragenden Felswände, die eine Höhe von 1.000 m erreichen, zeigen auf, welche gewaltigen Kräfte bei den eiszeitlichen Gletschererosionen gewirkt haben.

Der nördlichste Punkt des Landes ist keineswegs das Nordkap, sondern das Knivskjelodden auf der Insel Magerøya. Der Punkt hat die Koordinaten 71°11´48" nördlicher Breite. Das Nordkap, ebenfalls auf der Insel Magerøya gelegen, erreicht „nur" 71°10´21". Diese Stelle ist jedoch wegen seiner über 307 m hohen Steilküste spektakulärer und auf dem Landweg besser zu erreichen als das Knivskjelodden.

Flora und Fauna

Von Oslo zum Nordkap durchqueren Sie 13 Breitengrade. Klima, Vegetation und Landschaftsformen verändern sich daher auf dieser Strecke enorm. Kein Wunder, dass der Wetterbericht in den norwegischen Fernsehnachrichten länger dauert als in den meisten anderen Ländern.

Im äußersten Süden bedecken Laubwälder mit Eichen, Ulmen und Linden große Flächen des Landes. Es herrscht ein mildes Klima, und die Winter sind nur mäßig kalt. Kommt man weiter nach Mittel- und Nordnorwegen und ins Landesinnere, wird das Klima kontinental mit warmen Sommern und kalten Wintern.

Birkenwald und seine Bewohner

Nadelwälder mit großem Fichtenbestand dehnen sich aus. Noch weiter im Norden dominiert die Kiefer, deren Wuchs immer kleiner wird, je weiter man gen Norden kommt. In den höheren Lagen des Landes geht der Nadelwald in den Fjellbirkenwald über. Oberhalb der Baumgrenze schließt sich Tundrenvegetation an. Insgesamt sind 26 % des Landes bewaldet.

Im Sommer können Sie sich an Heidel-, Wald- und Himbeeren satt essen. In nördlichen Gefilden wächst zudem die Multebeere, eine skandinavische Delikatesse.

An der Westküste und in den Fjordtälern findet man auch Obstplantagen, deren Bewirtschaftung durch den milden Einfluss des Golfstroms erst möglich wird. Ohne ihn würde Norwegen ähnlich aussehen wie das südliche Grönland oder Alaska.

Auch in Norwegen lebt der „König" der nordischen Wälder: der Elch (📷 Seite 11). Den bis zu 500 kg schweren Koloss zu sehen, ist nicht jedem Besucher vergönnt, obwohl er sehr zahlreich vorkommt. Jedes Jahr müssen über 40.000 Tiere abgeschossen werden, um Flora und Fauna im biologischen Gleichgewicht zu halten. Trotzdem nimmt die Zahl der Elche ständig zu.

Leider ist der Luchs in den norwegischen Wäldern kaum noch anzutreffen

Außerdem sind Rentiere, Rotwild, Marder, Füchse, Lemminge, Dachse und Biber zu beobachten. Leider gibt es nur noch sehr selten Vielfraße, Luchse, Bären und Wölfe zu sehen. Auf den Vogelinseln vor der west- und nordnorwegischen Küste können Sie neben den zahlreichen Möwenarten, Papageitaucher, Basstölpel, Eissturmvögel, Alke und Lummen beobachten. In den Waldgebieten leben das Schneehuhn, das Birkhuhn, der Auerhahn und das Haselhuhn.

Auch unter Wasser ist das Leben vielfältig. Vor der Küste gibt es Heringe, Dorsche und Makrelen sowie Lachs. Größere Meeresbewohner können Sie auf einer Walsafari, z.B. von Stø oder Andenes (Vesterålen) aus beobachten. Pott-, Schwert- und Minkewale, Tümmler und Delphine leben im Nordmeer. In den Wintermonaten streifen auch Schwertwale (Orcas) durch die warmen Gewässer.

Trotz eines internationalen Walfangverbots, das 1985 in Kraft trat und den kommerziellen Walfang untersagt, sind seit 1993 norwegische Walfangschiffe wieder unterwegs, um jährlich eine festgelegte Anzahl von Minkewalen zu erlegen.

Klima

Der Golfstrom streift Norwegens Westküste und beeinflusst das Wetter nachhaltig. Durch ihn wird menschliches Leben und Wirtschaften in den nördlichen Küstenregionen Norwegens überhaupt erst möglich. Welch gewaltige Auswirkungen der Golfstrom auf das Küstenklima hat, wird deutlich, wenn man bedenkt, dass z.B. Anchorage in Alaska und die Südspitze Grönlands auf dem gleichen geografischen Breitengrad wie Oslo liegen.

Während am norwegischen Hardangerfjord Apfelbäume wachsen und in der Stadt Bergen im Jahresdurchschnitt eine höhere Temperatur herrscht als in München, ist in Alaska noch nicht einmal Sommerfeldbau möglich.

Durch den Golfstrom gefriert das Wasser vor der Küste nicht, sodass Norwegen eine Vielzahl von Häfen unterhalten kann, die auch im Winter eisfrei bleiben. Dies hat u.a. weit reichende Auswirkungen auf die Wirtschaft des Landes.

Das Meeresklima mit milden Wintern hat zur Folge, dass die Niederschlagsmenge hoch ist. Mit 230 Regentagen und über 2.100 mm Niederschlag im Jahr ist Bergen die regenreichste Stadt Europas. Die durchschnittliche Niederschlagsmenge liegt bei 1.700 mm pro Jahr. Diesen Wert erreichen in Deutschland nur einige Mittelgebirge und die Alpen. Der meiste Niederschlag fällt an der Westseite der Skanden, 2.000 bis 3.000 mm sind hier keine Seltenheit. In Nordnorwegen, z.B. in Finnmark, liegt die Niederschlagsmenge dagegen unter 400 mm.

Im Landesinneren ist die Klimalage anders. Die Winter können sehr kalt werden, und im Sommer erreichen die Temperaturen Werte über 20°C, auch im Norden.

Die meisten Besucher reisen in den Monaten Juni, Juli oder August nach Norwegen, da in dieser Zeit die Tage sehr lang sind und oft die Sonne scheint. Im August, den die Norweger den „Monat der Deutschen" nennen, fallen die Temperaturen allerdings wieder, und es regnet. Ab September beginnt der Herbst mit deutlich kühleren Temperaturen. Wem dies nichts ausmacht, der kann einen farbenfrohen Herbst in Norwegen erleben und die Zeit für ausgedehnte Wanderungen nutzen.

Von Oktober bis April herrscht Winter. Die sehr kurzen Tage mit Dämmerung und Dunkelheit und erheblichen Minustemperaturen machen den Winterurlaub in der Zeit von November bis Februar nicht besonders attraktiv. Im März und April hingegen bleiben die Tage bereits wieder deutlich länger hell, und man findet auf den zahlreichen schneebedeckten Bergen ideale Wintersportmöglichkeiten.

Skandinavische Blume

Der Mai ist der Monat des Übergangs vom Winter in den Sommer, der allerdings wesentlich kürzer ausfällt als bei uns, und es fällt nur sehr wenig Niederschlag.

Auch Baden ist in Norwegen möglich. An der Südküste erreichen die Wassertemperaturen immerhin knapp 20°C, und lange Sandstrände sind auch vorhanden. Das Wasser in den Binnenseen Südnorwegens ist oftmals etwas wärmer als das Meer. Sandstrände an der Westküste, den Lofoten und Vesterålen und oberhalb des Polarkreises laden zum Baden ein. Allerdings liegen die Wassertemperaturen deutlich unter 20°C.

Durchschnittstemperaturen in °C

	Oslo	Trondheim	Bodø	Tromsø
Januar	-3,3	-2,7	-2,1	-4,3
März	1,9	2,6	0,5	-1,5
Mai	13,5	11,7	8,6	6,2
Juni	18,1	14,7	11,7	10,7
Juli	19,3	15,9	13,8	13,4
August	18,3	15,7	13,8	12,5
September	13,7	12,1	10,5	8,3
November	2,0	1,7	1,4	-1,0

Durchschnittliche Niederschlagsmenge in mm

	Oslo	Trondheim	Bodø	Tromsø	Bergen
Januar	49	63	86	95	190
März	47	54	68	72	170
Mai	53	53	46	48	106
Juni	65	68	54	59	132
Juli	81	84	92	77	148

	Oslo	Trondheim	Bodø	Tromsø	Bergen
August	89	87	88	82	190
September	90	113	123	102	283
November	73	71	100	108	259

Bevölkerung

Die Einwohnerzahl Norwegens liegt bei 5,08 Mio. (Stand 1.7.2013), was bei einer Staatsfläche von 386.958 km² (mit Spitzbergen) einer Bevölkerungsdichte von 16 Einwohnern pro km² entspricht. Ca. 1,4 Mio. Menschen leben im Ballungsgebiet von Oslo. Mit dem Gebiet um den Oslofjord zusammen erreicht die Population in diesem Landesteil ein Drittel der Gesamtbevölkerung. Nur ein Zehntel der Norweger lebt in Nordnorwegen, das ein Drittel der Landesfläche ausmacht.

Wachpersonal am Osloer Schloss

Nach der Landeshauptstadt Oslo (630.000 Einwohner) sind die nächstgrößeren Städte Bergen mit 272.000 und Trondheim mit 178.000 Einwohnern. Obwohl die Bevölkerungszunahme nur 1,2 % im Jahr beträgt, ist das norwegische Volk jung: fast 20 % sind jünger als 15 Jahre. Norwegen ist ein ethnisch sehr homogenes Land, denn über 99 % sind Norweger, 0,5 % sind Samen und 0,3 % der Bevölkerung sind Finnen.

Doch alle Norweger glauben auf die eine oder andere Weise an Trolle, Nisse, Nöcke, Hulder und Meeresgeister. Darum müsste die Bevölkerungszahl eigentlich höher sein. Da aber all diese Berg-, Wald-, Wasser- und Hausgeister nicht sichtbar sind, sondern man nur dann und wann ihre Gegenwart zu spüren bekommt, wird ihre Population nicht in den offiziellen Volkszählungsstatistiken geführt.

Die Samen

Die bekannteste Bevölkerungsminorität Nordeuropas sind die Samen. Die noch gebrauchte Bezeichnung „Lappen" wird von den Samen als Herabsetzung empfunden. Sie selbst nennen sich *sameh*, Einzahl: *sabmi*, was „Moor- oder Sumpfleute" heißt. Ihr Siedlungsgebiet, das Lappland, trägt die Eigenbezeichnung *sameaena*.

Vor der Gründung des Staates Norwegen lebten die Samen auch südlich des Polarkreises. Heute erstreckt sich ihr Lebens- und Wirtschaftsraum hauptsächlich auf das Gebiet nördlich des Polarkreises in den Bezirken Finnmark und Troms. Außerdem leben sie in Nordfinnland und Nordschweden. Ein weiterer Grund, weshalb die Samen heute nur im hohen Norden leben, sind diskriminierende Gesetze der nordischen Länder. So hatte Norwegen kurz nach 1900 ein Gesetz erlassen, in dem untersagt wurde, staatlichen Boden an Bürger zu verkaufen, die nicht norwegisch sprechen, schreiben oder lesen können. Und da die Samen eine eigene Sprache sprechen, wurden sie zu Fremden im eigenen Land. Das Gesetz sollte bewirken, dass sie ihre samischen Traditionen aufgeben. Der Erlass war bis 1965 gültig. Noch heute gehören 90 % der Finnmark dem Staat Norwegen und nicht den Samen.

Eine exakte Bestimmung der samischen Bevölkerung ist sehr schwierig. Viele haben ihre Sprache und die Traditionen aufgegeben und sind in der norwegischen, schwedischen oder finnischen Gesellschaft aufgegangen. So schwanken die Zahlen der nordskandinavischen Bevölkerung mit mehr oder minder starkem samischen Einschlag zwischen 40.000 und 100.000 Personen. Die Hälfte lebt in Norwegen, je ein Viertel in Schweden und Finnland. Die samische Sprache gehört zur finno-ugrischen Sprachfamilie und hat keinerlei Ähnlichkeit mit dem Norwegischen. Eine Sprachverwandtschaft besteht mit dem Finnischen und dem Estnischen.

Nach dem Zweiten Weltkrieg änderte die norwegische Regierung ihre Politik gegenüber der samischen Bevölkerung. Grund war u.a. die Mithilfe der Samen im Widerstand gegen die Deutschen.

Kurz nach dem Krieg wurde der „Verband der Rentierzüchter", der erste Interessenverband der Samen, gegründet. 1953 folgte der Nordische Samenrat, ein Koordinationsorgan aller Samen in den nordischen Ländern. Die norwegischen Samen schlossen sich 1968 zum „Nationalen Verband der norwegischen Samen" zusammen. 1989 wurde das erste **Samenparlament** demokratisch gewählt. Arbeitsschwerpunkt ist die „Samische Innenpolitik". Das Samenparlament hat allerdings nur beratende Funktion bei der norwegischen Regierung. Diese will sich allerdings für eine Ausweitung der Rechte für das Samenparlament einsetzen.

Heute betreiben nur noch etwa 10 % aller Samen Rentierwirtschaft, bei der sie moderne Maßstäbe ansetzen und ihre Herden in der Weite der Finnmark mit Geländemotorrädern und Helikoptern hüten.

Während der Eröffnungsfeier der Olympischen Winterspiele in Lillehammer hatten die Samen Gelegenheit, der breiten Öffentlichkeit neben ihren Rentierschlitten ihr Liedgut und ihre Dichtung zu präsentieren. Es war Nils Aslak Valkeapää, der bekannteste samische Künstler der Gegenwart, der beides einem Millionenpublikum darbot.

Samische Kultur können Sie sehr schön in den Orten **Karasjok** und **Kautokeino** erleben. Beide Orte liegen nördlich des Polarkreises in der Finnmark.

Lachszucht

Wirtschaft

Norwegen ist der drittgrößte Gas- und Erdölexporteur der Welt. Die Exporterlöse bilden die Grundlage für den Wohlstand des Landes. Der norwegische Haushalt ist ausgeglichen, die Arbeitslosenquote liegt unter 4 % und soziale Spannungen sucht man vergeblich. Aus diesen Gründen sind die Norweger an einem Beitritt zur Europäischen Union wenig interessiert. Sie wären zweifelsohne als das reichste Land Europas ein Nettozahler der Union.

Landwirtschaft

Nur 3 % der norwegischen Landesfläche werden landwirtschaftlich genutzt. Da ein kostendeckender Ackerbau kaum möglich ist, subventioniert der Staat die Bauern mit 70 % des Produktionswertes. Bis in die Nachkriegszeit hinein war die Landwirtschaft neben der Fischerei und der Forstwirtschaft ein wirtschaftliches Standbein des Landes. Heute arbeiten in diesen Erwerbszweigen nur noch etwa 2,2 % der Bevölkerung, und es werden immer weniger.

Fischerei

Die Fischerei war lange der größte Wirtschaftszweig des Landes. Heute ist er neben der Landwirtschaft zum Subventionsempfänger geworden. Es gibt nur noch rund 10.000 registrierte Fangfahrzeuge.

In den fünfziger und sechziger Jahren gehörten Fischer zu den Besserverdienenden. Aber die gnadenlose Überfischung der Meere führte zu dramatischen Einkommensverlusten. Die Regierung setzte Fangquoten fest, damit sich die Fischbestände wieder erholen konnten. Auch der lukrative Nebenerwerb des Zwergwalfangs wurde zwischen 1987 und 1993 verboten. Heute wird der Fischfang zunehmend industrialisiert, besonders die Lachszucht verdrängt traditionelle Methoden und bietet ehemaligen Fischern Arbeitsplätze. Trotz allem ist Norwegen eine der führenden Fischfangnationen geblieben.

Anzeige

Stabkirche von Kaupanger

An- und Abreise

🚢 Mit der Fähre

Verschiedene Reedereien laufen norwegische Häfen an.

▷ Die Schiffe von Fjordline fahren von Hirtshals (DK) nach Langesund, Kristiansand, Stavanger und Bergen.
- Fjord Line c/o MVP travel, Postfach 1203, 18302 Ribnitz-Damgarten,
  ☎ 038 21/709 72 10, FAX 038 21/709 72 19, ✉ buchung@fjordline.de,
  🖥 www.fjordline.de

▷ Die Schiffe von ColorLine fahren die Strecken Kiel - Oslo sowie Hirtshals (DK) - Kristiansand und Hirtshals - Larvik.
- ColorLine, Fahrkarten und Reservierung in Oslo, Terminalen Hjortnes, N-0250 Oslo, ☎ 00 47/81 00 08 11.
- ColorLine, Norwegenkai, 24143 Kiel, ☎ 04 31/730 01 00,
  FAX 04 31/730 04 00, 🖥 www.colorline.de, ✉ servicecenter@colorline.de
- ColorLine Hirtshals, Norgeskajen 2, DK-9850 Hirtshals, ☎ 00 45/99 56 19 77
  Die ColorLine bietet auch eine Verbindung von Strømstad an der schwedischen Westküste nach Sandefjord in Norwegen an.

▷ Zwischen Bergen und Kirkenes verkehren die Fähren auf der Postroute, der berühmten Hurtigruten.
- Hurtigruten GmbH, Burchardstraße 14, 20095 Hamburg, ☎ 040/37 69 30,
  FAX 040/36 41 77, ☎ Buchungshotline: 040/376 93-282,
  ✉ ce.info@hurtigruten.de oder verkauf.hr@hurtigruten.com,
  🖥 www.hurtigruten.de

▷ Die Schiffe der Stena Line fahren die Routen Kiel-Göteborg (S), Frederikshavn (DK)-Oslo, Frederikshavn (DK)-Göteborg (S).
- Stena Line Scandinavia AB, Schwedenkai 1, 24103 Kiel, ServiceCenter und Reservierungen: ☎ 018 0/60 20 100 oder 04 31/90 99 (nur aus dem Ausland),
  FAX 04 31/90 92 00, ✉ info.de@stenaline.com, 🖥 www.stenaline.de

Inlandsfähren

Norwegens Straßennetz wird durch mehr als 200 Autofähren ergänzt, so viele wie in keinem anderen Land Europas. Die Fähren fahren in der Zeit von

6:00/7:00 bis 22:00/24:00. Die meisten Fährverbindungen befinden sich im Fjordgebiet und natürlich entlang der Küstenline zu den Inseln. Selbst die kleineren Fähren transportieren auch große Wohnmobile, Reisebusse oder Lkw. Fahrkarten sind nur am Anleger oder direkt an Bord erhältlich.

Fähre bei der neuen Brücke an der „13" über den Eidfjord

Über die Brücke

Eine Variante ganz ohne Fähre ist die Fahrt über den Großen Belt und die Øresund Brücke von Dänemark nach Schweden. Im Vergleich zur Fährfahrt Kiel Oslo verbringt man dabei aber ca. 800 km mehr im Auto, im Vergleich zur Fähre Hirtshals-Kristiansand sind es etwa 400 km. Diese Verbindung ist seit Juli 2000 mit der Eröffnung der Øresund-Brücke möglich.

Die Kombi-Maut-Gebühren für die einfache Fahrt über die **Große Belt- und Øresund-Brücke**:

- Motorrad: € 0
- Pkw unter 6 m Länge: € 65
- Pkw mit Wohnwagen oder Anhänger über 6 m Gesamtlänge: € 115
- Wohnmobil unter 3,5 t Eigengewicht und unter 6 m Länge: € 67
- Wohnmobil unter 3,5 t Eigengewicht und über 6 m Länge: € 115
- Wohnmobil über 3,5 t Eigengewicht und unter 10 m Länge: € 160
- Wohnmobil über 3,5 t Eigengewicht und über 10 m Länge: € 209

Alle Preise zuzüglich einer Kaution in Höhe von € 30.
🖳 www.oeresund-bruecke.de

Diplomatische Vertretungen

Ⓓ Königliche Norwegische Botschaft, Rauchstraße 1, 10787 Berlin-Tiergarten, ☏ 030/505 05 86 00, FAX 505 05 86 01, ✉ emb.berlin@mfa.no, 🖳 www.norwegen.no

Ⓐ Königliche Norwegische Botschaft, Reisnerstraße 55-57, A-1030 Wien, ☏ 01/716 60, FAX 01/716 60 99, ✉ emb.vienna@mfa.no, 🖳 www.norwegen.or.at

ⒸⒽ Königliche Norwegische Botschaft, Bubenbergplatz 10, 3011 Bern, ☏ 031/310 55 55, FAX 031/310 55 51, ✉ emb.bern@mfa.no, 🖳 www.amb-norwegen.ch

... in Norwegen

- Botschaft der Bundesrepublik Deutschland - Tyskland Forbundsrepublikken Ambassade, Oscars gate 45, 0244 Oslo, ☏ +47/23 27 54 00, FAX +47/22 44 76 72, ✉ info@oslo.diplo.de, 🖳 www.oslo.diplo.de
- Botschaft der Republik Österreich - Østerriske Ambassade, Thomas Heftyesgate 19-21, 0244 Oslo, ☏ +47/22 54 02 00, FAX +47/22 55 43 61, ✉ oslo-ob@bmaa.gv.at, 🖳 http://www.bmeia.gv.at/botschaft/oslo.html
- Botschaft der Schweiz - Sveitsiske Ambassade, Bygdøynesveien 13, 0244 Oslo, ☏ +47/22 54 23 90, FAX +47/22 44 63 50, ✉ osl.vertretung@eda.admin.ch, 🖳 www.eda.admin.ch/oslo

Einkaufen

Die Öffnungszeiten sind nicht einheitlich, in den größeren Städten haben die großen Geschäfte und Supermärkte Mo bis Fr bis 22:00 geöffnet, samstags spätestens um 20:00. Morgens öffnen die Geschäfte zwischen 9:00 und 10:00. Die großen Supermarktketten (nicht nur) entlang der Europastraße 6 haben im Sommer auch sonntags geöffnet.

Die großen Einkaufszentren bieten ihren Kunden ebenfalls längere Öffnungszeiten: werktags von 10:00 bis 22:00 und samstags von 10:00 bis 20:00. Einige Souvenirgeschäfte haben auch sonntags geöffnet.

In Norwegen gibt es auch eine Kiosk-Kultur. Kioske haben bis 22:00 oder 23:00 geöffnet. An Tankstellen können Sie bis etwa 23:00 Lebensmittel kaufen.

Wundern Sie sich nicht, wenn Sie in den Supermärkten an der Frischfleisch- oder Käsetheke, in der Post oder der Bank Nummern ziehen müssen und mittels elektronischer Anzeige aufgerufen werden. Die Anzeigesysteme verkürzen die ohnehin kurzen Wartezeiten nur wenig und sind eher Ausdruck der skandinavischen Ordnungskultur.

Einreise

▷   Staatsbürger aus EU-Ländern sowie Schweizer mit gültigem Personalausweis dürfen sich bis zu drei Monate in Norwegen aufhalten. Wer länger bleiben möchte, muss ein Visum bzw. eine Aufenthaltsgenehmigung beantragen. Manchmal wird jedoch bei der Einreise versäumt, ein Datum in den Pass einzutragen. Die gesetzlichen Aufenthaltsbestimmungen sind dann nicht mehr zu kontrollieren.

▷   Kinder bis 12 Jahre benötigen einen Kinderausweis (Personalausweis oder Pass) mit einem Bild. Der Eintrag in den Reisepässen der Eltern reicht nicht mehr aus. Informationen hierzu erhalten Sie bei der Königlich Norwegischen Botschaft in Berlin.

▷   Beim Packen des Wohnwagens oder Wohnmobils müssen Sie darauf achten, dass Sie nicht überladen. Ein überladenes Fahrzeug stellt auf den steilen Pass- und Serpentinenstraßen ein erhöhtes Sicherheitsrisiko dar. Zwar gibt es bei der Einreise in Oslo keine generellen Gewichtskontrollen, es ist jedoch schon vorgekommen, dass Wohnmobile noch im Hafengelände gewogen wurden.

⌁ Elektrizität

In Norwegen gibt es 220 Volt Wechselstrom. Adapter sind nicht notwendig.

➲ Entfernungen

Für größere Entfernungsangaben wird der Begriff norwegische Meile (mil) verwendet. Eine Meile entspricht 10 Kilometern. Alle offiziellen Entfernungsschilder am Straßenrand weisen die Entfernungen in Kilometer aus.

In der Tabelle sind Entfernungsangaben (in km) vom Startpunkt Oslo aus auf der Europastraße E 6 aufgeführt. Fährkilometer bleiben unberücksichtigt.

Entfernungen

	Bodø	Kirkenes	Lillehammer	Narvik	Nordkap	Oslo	Tromsø	Trondheim
Bodø	0	1.331	1.065	304	1.025	1.217	562	723
Kirkenes	1.331	0	2.273	1.027	517	2.425	944	1.931
Lillehammer	1.065	2.273	0	1.246	1.968	167	1.562	342
Narvik	304	1.027	1.246	0	721	1.398	251	904
Nordkap	1.025	517	1.968	721	0	2.120	609	1.626
Oslo	1.217	2.425	167	1.398	2.120	0	1.733	494
Tromsø	562	944	1.562	251	609	1.733	0	1.205
Trondheim	723	1.931	342	904	1.626	494	1.205	0

✗ Essen und Trinken ♀

▷ In Restaurants, Raststätten oder Cafés herrscht **Selbstbedienung**. Nur in den Restaurants der oberen Preiskategorie werden die Gäste am Tisch bedient.

▷ Das **Frühstück**, *frokost*, wird in den meisten Unterkünften als Büfett angeboten. Es fällt oft sehr reichlich aus, denn die Norweger lieben ein ausgedehntes Frühstück.

Frisches, noch warmes Brot können Sie kombinieren mit Rührei oder gekochtem Ei, mit den verschiedensten Sorten Käse, darunter Karamelkäse, oder Wurstaufschnitt. Auch Fisch, sauer eingelegt oder mit Curry- oder Sherrysauce, fehlt auf keinem norwegischen Frühstücksbüffet. Wem das nicht zusagt, der kann sich Müsli mit frischer Landmilch zusammenstellen und dazu einen frisch gepressten Orangensaft oder heißen Kaffee genießen.

▷ Zur **Mittagszeit** oder zum **Abendessen** steht selbstverständlich Fisch (*fisk*) ganz oben auf der Speisekarte. Lachs (*laks*), Forelle (*ørret*) und Hering (*sild*) in den unterschiedlichste Variationen gehören zu den beliebtesten Gerichten. Auch kleine Garnelen (*reker*), gegrillt oder in der Pfanne gebraten, sind eine Delikatesse.

▷ In ganz Skandinavien schätzt man das kalte **Büfett** - das *koldtbord*. Auch hier darf Fisch nicht fehlen und wird als Salat mit den unterschiedlichsten Marinaden, sauer eingelegt oder als geräucherte Spezialität wie der Lachs zum Beispiel, serviert.

Der Fisch wird durch eine reichhaltige Auswahl an Fleischgerichten ergänzt. Fleisch (*kjøtt*) wird gerne als Frikadelle (*kjøttkaker*) oder Kloß (*kjøttboller*) angeboten. Dazu wird eine braune Sauce serviert, die bei Norwegern sehr beliebt ist. Kleine Würstchen (*pølser*) dürfen auf dem kalten Büfett nicht fehlen, schmecken aber auch als Hot Dog richtig lecker.

Einheimische Käsesorten bereichern das Büfett zusätzlich, z.B. der milde, aus Kuh- und Ziegenmilch hergestellte *gudbrandsdalost*, der braune Ziegenkäse *geitost* oder der pikante *gammelost* aus geronnener Milch.

Zum Nachtisch (*dessert*) gehören Puddingsorten in allen Farbvariationen, Sahnetorten und Waffeln mit Sahne und Marmelade.

▷ **Elch- und Rentierfleisch** mit Preiselbeeren sowie das zarte Schneehuhnfleisch sind ebenfalls typisch norwegische Gerichte. Wer Experimente scheut, bekommt auch Lammkotelett, Entrecôte oder Steak.

▷ **Vegetarische Speisen** halten in Norwegen immer mehr Einzug und sind wesentlich billiger als Fisch- und Fleischgerichte.

▷ Wenn Sie in Norwegen **Essen gehen**, müssen Sie mit NOK 150 bis 250 pro Person rechnen. Zur Mittagszeit erhalten Sie in den meisten Gaststätten und Restaurants ein günstiges Tagesgericht (*dagens rett*) für etwa NOK 100. Am Abend können Sie nach der Devise „spis så mye du kann" - „Iss, so viel du schaffst" speisen. 0,5 l Bier zum Essen kosten ab NOK 45, für ein Glas Wein werden ab NOK 50 verlangt. Sie können davon ausgehen, dass Getränke immer einen erheblichen Teil Ihrer Restaurantrechnung ausmachen werden, denn auch nicht-alkoholische Getränke haben mitunter stolze Preise.

Extrem lecker

▷ Eine günstige Alternative stellen **Cafeterias** dar. Sie bieten neben Kuchen und Gebäck auch warme Mahlzeiten für ca. NOK 50-75 an. Ein Softdrink oder ein frisches Milchmixgetränk kostet NOK 12-18, für die erste Tasse Kaffee zahlen Sie NOK 12-15, die folgenden kosten etwa NOK 5.

▷ An der **Imbissbude** erhalten Sie Pommes frites, Hot Dogs oder Hamburger mit Salat für Preise zwischen NOK 15-30. Einen Döner Kebab gibt es ab NOK 30.

▷ Hier noch einige norwegische **Spezialitäten**: *Rømmegrøt* ist eine Rahmgrütze mit Zucker und Zimt. *Rakørret* ist ein Gericht aus eingelegter Lachsforelle mit Rührei. Gerne gegessen werden auch gedünstete Lammrippchen, die *pinnekjøtt* heißen.

▷ Lebensmittel für **Selbstversorger** sind in der Regel teurer als in Deutschland. Einigermaßen günstig lässt sich in „Lavpris" (Niedrigpreis)-Supermärkten einkaufen.

▷ **Alkohol** ist nur in speziellen Geschäften, den *vinmonopolet*, erhältlich, die es nicht in jeder Stadt gibt. Das Leichtbier (*lettøl*), das je nach Alkoholgehalt in die Klassen I oder II eingeteilt wird, kann man auch in Lebensmittelläden kaufen. Einige Landkreise behalten sich allerdings vor, selbst das lettøl nur in den staatlichen Monopolgeschäften zu verkaufen.

☺ Trotz der hohen Preise rate ich davon ab, sich auf der gesamten Reise von mitgebrachten Lebensmitteln zu ernähren. Meeresfrüchte oder Fischgerichte sind ab und zu sogar günstiger als bei uns; Elch- und Rentiergerichte sollten Sie wenigstens einmal probiert haben, um den Urlaub so richtig abzurunden.

📷 Foto, Film und Video

Norwegen ist für jeden Hobby- und Berufsfotografen eine Herausforderung. Atemberaubend schöne Landschaften, dazu das Wechselspiel der Wolken mit Licht und Schatten, laden zum Fotografieren ein.

▷ Wer im Land der Fjorde und der Mitternachtssonne gute Fotos machen will, muss sich nach Sonnenstand und Jahreszeiten richten. In den Sommermonaten Juli und August ist das Fotografieren in den Fjorden nicht einfach, weil es tagsüber oft dunstig ist. Das Farbenspiel kommt dabei nicht gut zur Geltung. Im Mai und September hingegen ist die Luft viel klarer. Der Sonnenstand erfordert es, dass Sie im Fjordgebiet morgens mit der Sonne im Rücken von Osten nach

Wolkenspiel

Westen fotografieren müssen, um gute Bilder zu bekommen. Am Nachmittag sollten Sie dann die entgegengesetzte Richtung einschlagen. Informieren Sie sich vorher, an welcher Seite des Fjords Ihr Fotoobjekt liegt, und planen Sie Ihre Route entsprechend des Sonnenstands.

▷ Nördlich des Polarkreises scheint zwar im Sommer den ganzen Tag die Sonne, doch das Licht um Mitternacht ist nicht so stark wie zur Mittagszeit. Daher empfiehlt sich bei lichtschwächeren Objektiven ein Stativ.

▷ Für Analog-Fotografen: Filme mit der Lichtstärke 100 ASA reichen im Allgemeinen aus. Nehmen Sie auf alle Fälle genügend mit, denn auch Filme sind in Norwegen teuer. Digitalfotografen: Genügend Speicherkarten mitnehmen. Wenn Sie Ihre Fotografien doppelt sichern möchten (sicher ist sicher!), ist entweder ein Notebook oder eine externe Festplatte mit eigenem Display eine gute Sache.

▷ Wenn Sie die Moschusochsen im Dovrefjell-Nationalpark, Pottwale auf einer Walsafari oder die Papageitaucher auf der Vogelinsel Runde fotografieren wollen, benötigen Sie Objektive mit größerer Brennweite.

▷ Um den Innenraum von Stabkirchen ablichten zu können, ist ein Weitwinkelobjektiv mit 24 mm oder 20 mm Brennweite erforderlich.

Gasflaschen

Leider hat jedes Land seine eigenen Gasflaschenanschlüsse, so auch Norwegen. Norwegische Propan- und Butangasflaschen und den zugehörigen Adapter erhalten Sie bei Statoil-, Esso- oder AGA-Stationen (ca. NOK 325).

Deutsche, österreichische oder schweizer Gasflaschen können Sie nicht gegen norwegische Flaschen tauschen. Bei der Rückreise erhalten Sie für die leeren Flaschen den Pfandbetrag zurück, der etwa 80 % des Kaufpreises beträgt.

Eine Übersicht mit Ortsangaben der Händler in Norwegen bekommen Sie bei:
- AGA AS, Postboks 13 Grefsen, 0409 Oslo, ☏ + FAX 22 02 76 00, 💻 www.aga.no
- Statoil Marketing, Postboks 1176 Sentrum, 0107 Oslo, ☏ 22 96 20 00
- Shell, ☏ 22 66 50 00
- Esso, ☏ 22 66 30 30

Geld

Die Währungseinheit ist die Krone (NOK) mit 100 Øre. Die Einfuhr norwegischer und ausländischer Geldscheine und Münzen ist unbegrenzt erlaubt. Haben Sie jedoch mehr als NOK 25.000 dabei, muss der mitgeführte Betrag beim Zoll deklariert werden. Für Reiseschecks gelten keine Begrenzungen.

Die Nutzung der Kreditkarten ist in Norwegen weit verbreitet. Am gebräuchlichsten sind Eurocard und Visa-Karten. Geldautomaten, die als „Minibank" gekennzeichnet sind, existieren über das ganze Land verteilt € 1 entspricht NOK 8,425 (Stand Januar 2014).

Unter 🖥 www.kartensicherheit.de können Sie sich eine SOS-Info-Karte herunterladen und ausdrucken. Auf dieser Karte stehen alle wichtigen Rufnummern zum Sperren von Kredit-Mobilfunkkarten und Reiseschecks.

Gesundheit

Eine normale Reiseapotheke, die auch ein Mittel gegen Mücken enthalten sollte, ist ausreichend. Wirksame Mückenschutzmittel aus der Apotheke dürfen in Ihrem Reisegepäck nicht fehlen. Duftöle oder Kerzen sind nur von begrenztem Nutzen und vertreiben die ungebetenen Gäste leider nicht.

Wenn Sie einen schönen Sommer mit vielen Sonnenstunden in Norwegen erleben möchten, empfiehlt sich für Aufenthalte auf Campingplätzen ein Moskitonetz vor der Eingangstür Ihres Wohnmobils oder Wohnwagens.

ℹ Information

▷ Beim Norwegischen Fremdenverkehrsamt in Hamburg erhalten Sie alle wichtigen und aktuellen Informationen. In Norwegen können Sie vor Ort die Serviceeinrichtungen der regionalen Fremdenverkehrsämter nutzen, die Sie in zahlreichen, auch kleineren Orten finden. In Museen, Kirchen und ähnlichen Einrichtungen erhalten Sie oft weitere Informationen. Da das Fremdenverkehrsamt für den Publikumsverkehr nicht geöffnet ist, müssen Sie Anfragen schriftlich stellen.

◆ Norwegisches Fremdenverkehrsamt, Innovation Norway, Caffamacherreihe 5, 20355 Hamburg, ☎ 040/229 41 50, FAX 040/22 94 15 88,
   ✉ germany@innovationnorway.no, 🖥 www.VisitNorway.com oder
   🖥 www.innovationnorway.no/de, 🖥 www.skandinavien.de/norwegen

▷ Die Zentrale in Norwegen finden Sie in Oslo gegenüber dem Rathaus. Ein zweites Informationsbüro befindet sich im Hauptbahnhof.
♦ Norges Informasjonssenter, Fridtjof Nansens Plaas 5, 0160 Oslo, ☏ 23 11 78 80, FAX 22 83 81 50, ✆ geöffnet Juni bis August täglich, ✉ info@visitoslo.com, 🖥 www.visitoslo.com
♦ Jernebanetorget 2, 0154 Oslo, täglich ✆ 9:00 bis 20:00

▷ Es gibt in den Sommermonaten etwa 350 örtliche Fremdenverkehrsämter und Touristenbüros in Norwegen, in denen Sie sich informieren können.

▷ Vor größeren Ortschaften finden Sie Informationstafeln an den Rastplätzen.

Jedermannsrecht

Das Jedermannsrecht ist ein Gewohnheitsrecht, das jedem Menschen gestattet, sich in der Natur frei zu bewegen, solange Tiere, die Vegetation und andere Men-

Zum Schutz der Natur wurde das Jedermannsrecht eingeschränkt

schen nicht beeinträchtigt oder gestört werden. Doch seitdem immer mehr Urlauber Norwegen besuchen, kommt es teilweise zu starken Schäden an der Natur. Daher wurde das Jedermannsrecht eingeschränkt.

Während Beeren und Pilze in Mittel- und Südnorwegen nach wie vor gepflückt werden dürfen, ist das Sammeln der Multebeere in Nordnorwegen stark eingeschränkt worden. Außerdem wurde motorisierten Fahrzeugen untersagt, die Straßen zu verlassen, um z.B. auf Feldwegen umherzufahren. Wohnmobile und Wohnwagen dürfen über Nacht nicht auf öffentlichen Rastplätzen geparkt werden, sondern sollten möglichst die offiziellen Campingplätze benutzen.

▷ **Wandern:** Sie dürfen sich zu Fuß oder auf Skiern in allen Wäldern, auf Wiesen, Tundren und über das Gebirge bewegen, auch wenn dies privates Land ist. Wenn vorhanden, sollten Sie die Wege und Pfade nicht verlassen.

▷ **Zelten:** In der Wildmark ist das vorübergehende Zelten (nicht länger als zwei Tage) und auf eigene Gefahr erlaubt. Auf bezeichneten Grundstücken und in der Nähe von Wohngebieten darf man dies nur mit Einwilligung des Eigentümers oder Pächters tun. Während der Jagdzeit ist das freie Zelten aus Sicherheitsgründen in bestimmten Gebieten nicht erlaubt. Und bitte verlassen Sie den Zeltplatz so, wie Sie ihn vorgefunden haben.

▷ **Boot fahren:** Sie dürfen sich frei mit dem Boot auf allen fahrbaren Gewässern bewegen und das Boot in der Wildmark auch an Land ziehen sowie für eine kurze Weile am Ufer festmachen.

▷ **Schwimmen:** Sie dürfen überall schwimmen, wenn es in „angemessenem" Abstand zu bewohnten Häusern geschieht.

▷ **Beeren pflücken:** Es dürfen in freien Gebieten Pilze, Beeren, wilde Nüsse und Blumen gepflückt werden. Multebeeren müssen gleich verzehrt werden.

▷ **Feuer machen:** Im Zeitraum vom 15. April bis 15. September ist das Entfachen von offenem Feuer in der Nähe vom Wald verboten.

🛈 Weitere Informationen unter
💻 http://www.naturvardsverket.se/de/Var-natur/Das-Jedermannsrecht/

Kleidung

Durch die große Längsausdehnung des Landes mit der Nähe zur Arktis im Norden und dem stärkeren Einfluss des Golfstromes im Süden sind die Temperaturunterschiede zwischen Nord- und Südnorwegen sehr groß. Im Fjordgebiet wird es in den Höhenlagen nachts richtig kalt und sogar in den Sommermonaten kann Schnee fallen. Sie sollten daher sowohl die kurze Hose oder eine dünne Baumwollhose als auch Pullover, z.B. aus windundurchlässigem und wasserabweisendem Material, einpacken. Eine bequeme Jeans, T-Shirt und Sweat-Shirt sind die ideale Bekleidung für die meisten Tage. Eine Windjacke und festes Schuhwerk sollte in keinem Fall in Ihrem Gepäck fehlen.

Da die meisten Campingplätze mit einer Waschmaschine ausgestattet sind, reicht es in der Regel aus, frische Kleidung für etwa eine Woche mitzunehmen.

Literatur

Bildbände

- Norwegen - Ein Premium***XL-Bildband, Max Galli, Reinhard Ilg, Stürtz Verlag, ISBN 978-3-8003-1978-7, € 49,95

Reisebegleiter aus dem Conrad Stein Verlag

- Ratgeber rund ums Wohnmobil, Conrad Stein, OutdoorHandbuch Band 24, ISBN 978-3-86686-332-3, € 8,90
- Ratgeber rund um den Wohnwagen, M. & D. Großelohmann, Outdoor-Handbuch Band 318, ISBN 978-3-86686-378-1, € 9,90
- Norwegen: Hardangervidda, Tonia Körner, OutdoorHandbuch Band 41, ISBN 978-3-86686-412-2, € 14,90
- Norwegen: Jotunheimen, Tonia Körner, OutdoorHandbuch Band 82, ISBN 978-3-86686-398-9, € 14,90
- Norwegen: Rondane, Tonia Körner, OutdoorHandbuch Band 252, ISBN 978-3-86686-252-4, € 14,90

Karten

- Eine gute Kartenserie zu Norwegen gibt es u.a. von freytag & berndt, eine Norwegenkarte Maßstab 1:600.000 sowie vier Regionenkarten Süd, Mitte (Maßstab 1:250.000), Nord, Nordkap (1:400.000).

- Eine zweite, sehr wichtige Kartenreihe, sind die Cappelenskarten erschienen bei Kümmerly & Frey. Die Serie besteht aus fünf Blättern. Die drei südlichen Blätter liegen im Maßstab 1:335.000 vor, die zwei nördlichen im Maßstab 1:400.000.
- Außerdem gibt es einen Straßenatlas, Veibok Norge, mit Süd- und Mittelnorwegen im Maßstab 1:300.000 und Nordnorwegen ab ca Mo i Rana in 1:375.000.
- Straßenkarten in unterschiedlichen Maßstäben sowie topografische Karten über die Wandergebiete erhalten Sie in gut sortierten geografischen Buchhandlungen (z.B. Geobuchhandlung Kiel) oder bei speziellen Skandinavienversandhäusern.

Mautstationen

In Norwegen finanziert man Straßenbauprojekte wie Tunnel und Brücken durch Mautgebühren. Mit den Mautstationen möchte man auch die Autofahrer dazu bringen, mit öffentlichen Verkehrsmitteln in die Städte zu fahren, weshalb einige Städte von einem Mautstationenring umgeben sind, wo jeder bezahlen muss, der mit dem Auto in die Stadt hinein will. Die Mautstationen werden für einen gewissen Zeitraum aufgebaut, und sollen im Prinzip nach einigen Jahren wieder abgebaut werden. Heute kostet es zwischen NOK 15 und 25 pro Passage der Mautstationen. Große Tunnelprojekte und Inselverbindungen sind teurer.

Das nationale Verkehrsamt Norwegens (*Statens Vegvesen*) führte am 1. Februar 2004 ein koordiniertes Zahlungssystem (AutoPASS) ein, das für die Zahlung an einigen Mautstellen gelten soll (u.a. in Oslo, Trondheim, Tønsberg, Stavanger). Diese Stationen funktionieren ohne Bedienung oder Münzsammler.

Die einfachste und schnellste Weise der Bezahlung ist die Registrierung mit der Kreditkarte online. Wenn Sie Ihre Kreditkarte nicht online registrieren wollen, können Sie die Gebühr bei Tankstellen mit dem Kennzeichen "KR-Service" in der Nähe der Mautstellen entrichten. Auskunft über das Auto, das Kennzeichen sowie über die Zeit und Stelle der Durchfahrt werden benötigt. Danach wird die Registrierung der Durchfahrt gelöscht und die Ausstellung einer Rechnung entfällt.

Auf der Internetseite 🖥 www.autopass.no findet man eine Übersicht über alle Mautstationen in Norwegen sowie einen Überblick über die Stationen, die an das System AutoPASS angeschlossen sind.

Wenn kein AutoPASS vorhanden ist, wird das Nummernschild fotografiert und der Fahrzeughalter erhält eine Rechnung per Post zugeschickt, ohne Extragebühren. Die Firma Euro Parking Collection plc in London ist hierfür zuständig.

Medien

▷ Die staatliche Rundfunkgesellschaft NRK bietet zwei werbefreie Fernseh- und mehrere Hörfunkkanäle. Außerdem gibt es in Norwegen private Hörfunk- und Fernsehsender, die sich durch Werbung finanzieren. Ausländische Filme werden meist mit norwegischen Untertiteln gezeigt.
▷ Das Deutschlandradio empfangen Sie je nach geografischer Lage auf Langwelle 153 kHz oder auf Mittelwelle bei 1.269 kHz.
▷ Bei den Narvesen-Kiosken in den größeren Städten erhalten Sie in den Sommermonaten ausländische Zeitungen und Zeitschriften.

✠ Medizinische Versorgung

Für Staatsangehörige der EU- und EFTA-Länder gilt die Europäische Krankenversicherungskarte (EHIC). Eine zusätzliche private Krankenversicherung ist aber zu empfehlen. Im Notfall können Sie sich auf ein flächendeckendes System von niedergelassenen Ärzten und Kliniken verlassen. Ärztliche Telefonnummern finden Sie im norwegischen Telefonbuch auf der zweiten Seite unter „legevakten".

Sollten Sie ein Medikament benötigen, müssen Sie in den meisten Fällen vorher zum Arzt gehen, der Ihnen dann ein Rezept verschreibt, für das Sie in der Apotheke Ihr Medikament erhalten. Heben Sie die Rechnungen gut auf, damit Sie das Geld von Ihrer Krankenkasse erstattet bekommen.

Mitternachtssonne

Das Phänomen der Mitternachtssonne können Sie nördlich des Polarkreises bewundern. Hier geht die Sonne bis zu drei Monate lang nicht unter. Der Körper stellt sich jedoch schnell auf die andauernde Helligkeit ein und benötigt dann auch weniger Schlaf.

Die Ursache für dieses Naturereignis liegt in einer leichten Schräglage der Erdachse. Diese Schräglage bewirkt, dass sich die Nordhalbkugel in großem Winkel zur Sonne neigt, sodass sie am Horizont nicht untergeht.

Am Nordkap bleibt die Sonne lange Zeit oberhalb des Horizonts, nämlich von der zweiten Maiwoche bis zur letzten Juliwoche.

- Nordkap 13. Mai - 29. Juli
- Hammerfest 16. Mai - 27. Juli
- Tromsø 20. Mai - 22. Juli
- Polarkreis 14. Mai - 1. Juli
- Harstad 24. Mai - 18. Juli
- Narvik 24. Mai - 20. Juli
- Svolvær 28. Mai - 14. Juli
- Bodø 4. Juni - 8. Juli
- Spitzbergen 19. April - 23. August

(Die Daten können von Jahr zu Jahr um 24 Stunden variieren.)

Tageslicht gibt es südlich des Polarkreises am 23. Juni, dem längsten Tag des Jahres (hinzu kommt eine tägl. Dämmerungsphase von ca. 3½ Stunden), in:

- Trondheim von 3:02 bis 23:39,
- Bergen von 4:10 bis 23:12,
- Oslo von 4:54 bis 22:44.

Mittsommertag

In Norwegen heißt der Mittsommertag *Jonsok* oder *St. Hans* und fällt stets auf den 24. Juni. Am Vorabend, *St. Hans Aften,-* wird die kürzeste Nacht des Jahres traditionsgemäß mit Musik, Tanz und einem Feuerwerk gefeiert.

Nationalparks

In Norwegen gibt es 41 Nationalparks (mit Spitzbergen/Svalbard) mit einer Ausdehnung von rund 65.000 km². Der größte Nationalpark liegt auf Spitzbergen, der 5.300 km² große **Sør-Spitzbergen**, gefolgt vom 3.560 km² großen **Nordvest-Spitzbergen**. Der größte Festland-Nationalpark ist der **Hardangervidda** mit einer Fläche von 3.422 km². Auf Ihrem Weg von Oslo zum Nordkap passieren Sie entlang der E 6 folgende Nationalparks: **Rondane**-, **Dovrefjell**-, **Børgefjell**-,

Saltfjellet-Svartisen- und den **Rago**-Nationalpark. In den Nationalparks haben Sie die Möglichkeit, unberührte Natur zu erforschen. Auf Wanderungen stehen Ihnen in den meisten Parks Hütten für die Übernachtung zur Verfügung.

🅘 Weitere Infos auf 💻 www.visitnorway.de oder www.nasjonalparksenter.no/english

Notruf

Feuerwehr, Unfall und akute Umweltkatastrophen	☎ 110
Polizei	☎ 112
Notarzt, Krankenwagen und Krankendienst	☎ 113
Notruf für Boote	☎ 120

Pannenhilfe

Wenn Sie in Ihrem Heimatland Mitglied in einem Automobilclub sind, der der „Alliance Internationale de Tourisme" (AIT) angeschlossen ist, erhalten Sie im Schadensfall auch in Norwegen Unterstützung. Notruftelefone finden Sie entlang der Europa- und Fernstraßen sowie an Gebirgspässen. Mit einem Auslandsschutzbrief bekommen Sie die Kosten für die Pannenhilfe zu Hause erstattet. Der gerufene Abschleppdienst muss allerdings in der NAF tätig sein. NAF ist der größte norwegische Automobilclub.

- NAF, Østensjøveien 14, 0609 Oslo, ☎ von Norwegen aus: 085 08, aus dem Ausland: +47 92 60 85 05, 💻 www.naf.no
- Die NAF-Alarmzentrale mit 24-Std.-Dienst erreichen Sie unter ☎ 81 00 05 05.
- Viking Redningstjeneste, 24-Stunden-Service: ☎ 060 00, Notrufzentrale, oder Falck Redningskorps, 24-Stunden-Service: ☎ 022 22 oder 81 03 03 33.

Polarnacht

Wer Norwegen im Winter erleben will, muss sich bewusst sein, dass die Sonne nördlich des Polarkreises längere Zeit nicht zu sehen ist. Die andauernde Dunkelheit führt auch bei Norwegern zu erhöhtem Alkoholkonsum, Gemütsverstimmungen oder gar Selbstmorden.

Nachweislich reicht das Kunstlicht der Städte nicht aus, um das natürliche Bedürfnis der Menschen nach Licht und Wärme während der Polarnacht zu befriedigen.

In diesen Zeiträumen erscheint die Sonne oberhalb des Polarkreises nicht am Horizont:

Nordkap	18.11. - 24.01	Tromsø	25.11. - 17.01.
Hammerfest	21.11. - 21.01.	Bodø	15.12. - 28.12.

Während dieser Zeit können Sie mit etwas Glück das Polarlicht (*Aurora Borealis*) erleben. Dieses Himmelsphänomen entsteht nahe der Pole, wenn oberhalb der Ionosphäre die Partikel des sogenannten Sonnenwindes auf hohe Geschwindigkeiten beschleunigen und durch das Magnetfeld der Erde zu den Polregionen gelenkt werden. In einer Höhe zwischen 70 und 1.000 km kollidieren bis zu 500 km/sek schnelle Elektronen mit Wasserstoff-, Stickstoff- und Sauerstoffionen, wobei Energie in Form von Licht abgegeben wird.

Post und Telekommunikation

Das **Porto** für Briefe und Postkarten (bis 20 g) in andere europäische Länder kostet NOK 13. Briefe/Postkarten in alle übrigen Länder kosten NOK 16. Briefe, die das Land verlassen, müssen mit dem Aufkleber "A-Priorität" versehen sein.

Postöffnungszeiten: Mo-Fr meist 8:00 bis 18:00, Sa 9:00 bis 14:00.
Postschalter finden Sie auch in einigen Buttiken und Supermärkten, da sind die Öffnungszeiten dann deutlich länger.

Telefonieren können Sie in den öffentlichen Telefonzellen oder den Telegrafenämtern. Auf dem Land finden Sie besonders gekennzeichnete Privathäuser, in denen Sie telefonieren können. Die meisten Telefonzellen bieten die Möglichkeit, sich zurückrufen zu lassen. Jeder Telefonapparat ist mit einer achtstelligen Nummer gekennzeichnet, wobei die Ortsvorwahl in die Anschlussnummer integriert ist. Die „0" der Ortsvorwahl fällt somit weg. Unter der Nummer 115 können Sie R-Gespräche anmelden. Die Auskunft für Norwegen, Schweden und Dänemark ist unter 18 81 zu erreichen, die 18 82 gilt für alle übrigen Länder.

Die meisten Telefonzellen (ca. 1.100) haben **Kartentelefone**, die mit Kreditkarten (Visa, Eurocard/Mastercard, American Express, Diners) funktionieren. Die wenigen **Münztelefone** können mit 1-, 5-, 10- und 20-Kronenstücken gefüttert werden, Mindesteinwurf sind NOK 2. Alternativ passen auch 50-Cent-, 1-Euro- oder 2-Euro-Münzen. Minimum ist 1 Euro.

Die Ländervorwahl nach Deutschland ist 00 49, nach Österreich 00 43 und in die Schweiz 00 41. Bei Gesprächen nach Norwegen muss 00 47 vorgewählt werden.

In Norwegen können Handys für folgende Netze genutzt werden: GSM 900, GSM 1800 und NMT. Sie sollten sich vor Reiseantritt informieren, mit welchem Anbieter Ihre Telefongesellschaft in Norwegen kooperiert. Die norwegischen Gesellschaften sind Netcom (🖳 www.netcom.no) und Telenor Mobil (🖳 www.telenor.no).

Rauchen

Rauchen ist in Flugzeugen oder anderen öffentlichen Verkehrsmitteln verboten. In vielen Zügen der Norwegischen Staatsbahn (NSB) gibt es Raucherabteile. Das Rauchen in öffentlichen Gebäuden oder an anderen öffentlich zugänglichen Plätzen ist ebenfalls nicht gestattet, genauso wie in Büros und an Arbeitsplätzen. Im Mai 2003 beschloss das norwegische Parlament, Restaurants, Cafés etc. zu rauchfreien Orten zu machen. Am 1. Juni 2004 trat das Gesetz in Kraft.

Um in Norwegen Zigaretten oder Tabak kaufen zu dürfen, muss man über 18 Jahre alt sein.

Sicherheit

Wenn Sie durch Norwegen fahren und sich die Häuser in den kleineren Ortschaften genauer anschauen, werden Sie merken, dass es fast nie Zäune zur Abgrenzung des Grundstücks gibt. Beim Einkauf in ländlichen Regionen können Sie beobachten, dass die Leute nach dem Aussteigen ihre Autos nicht einmal abschließen. Das gilt übrigens auch für Haustüren oder Fenster, die nicht verschlossen werden. Noch sind die Einbruchsraten in Norwegen gering und das Sicherheitsgefühl der Menschen groß.

In den Großstädten ist die Lage natürlich anders, dort müssen die Einwohner schon mehr auf ihren Besitz aufpassen. Mit deutschen Verhältnissen ist es aber keineswegs vergleichbar. Sollten Sie einmal Ihr Zelt in der freien Natur aufschlagen oder Ihr Wohnmobil am nächsten Rastplatz parken, brauchen Sie sich daher um Ihre Wertsachen keine extremen Sorgen zu machen.

Troll-Souvenirs

🎁   Souvenirs

Natürlich gibt es auch in Norwegen in den meisten Ortschaften Kunstgewerbegeschäfte. Dort finden Sie z.B. Rentierfelle, Textildrucke, Holzarbeiten, Silber-, Bronze-, Emaille- und Zinnwaren sowie Strickwaren und Wolle. Der berühmte Norweger-Pullover sollte als Andenken nicht fehlen, aber auch andere Kleidungsstücke können eine bleibende Erinnerung an Ihren Norwegen-Urlaub sein. Sehr ansprechend sind die handwerklich gefertigten Souvenirs der Samen wie Messer, Schmuck oder Rentiergeweihe und Felle.

Ein Glas Multebeeren-Marmelade, geräucherter oder marinierter Lachs, Kaviar in Tuben und Gläsern überstehen die Reise nach Hause ohne Probleme und eignen sich auch als Geschenke.

Ausländische Touristen können über das Global Refund System (Global Blue) bei der Ausreise die Mehrwertsteuer erstattet bekommen (ab einem Einkaufswert von 315 NOK). Die Mehrwertsteuer liegt in Norwegen bei 25 %. Informationen unter 🖥 www.globalrefund.com/norway

Sport und Hobby

 Angeln

Die lange Küstenlinie, die unzähligen Fjorde, die 200.000 Seen sowie die unzähligen Flüsse - es gibt etwa 400 Lachsflüsse - machen Norwegen zu einem Anglerparadies. Das Angeln im Meer und in den Fjorden ist kostenlos. Für das Süßwasserangeln müssen alle Personen über 16 Jahre für eine notwendige Angellizenz bezahlen. Wollen Sie Lachs, Meerforelle und Saibling an den Haken nehmen, kostet das NOK 200. Im Preis enthalten ist das Süßwasserangeln. Die Lizenz ist ein Jahr gültig. Die Formulare bekommen Sie auf allen Postämtern.

Eine Wochenlizenz für reines Süßwasserangeln kostet NOK 70 für Einzelpersonen und NOK 90 für die Familie. Zusätzlich zur Angellizenz muss ein örtlicher Angelschein gekauft werden, dessen Preis regional unterschiedlich ist. Diese Angelscheine bekommen Sie u.a. in Touristenbüros, Postämtern und Postfilialen

Norwegen hat für jeden Hobby-Geschmack etwas zu bieten

(z.B. in Supermärkten), Sportgeschäften, Hotels und auf Campingplätzen. Neu ist, dass für einige Fischarten gesetzliche Mindestmaße gelten. Was gar nicht geht ist angeln mit lebendem Fischköder.

Weitere Informationen über das Angeln hält das Norwegische Fremdenverkehrsamt in Hamburg für Sie bereit. Außerdem gibt es einen umfangreichen Angelführer mit dem Titel „Angeln in Norwegen", der Ihnen die besten Angelplätze und weitere Informationen rund ums Angeln verrät.

Bergwandern

Ganz Norwegen ist von gut markierten Wanderwegen durchzogen. Wanderurlaub ist bei den Norwegern sehr beliebt, darum sollten Sie die Wanderschuhe nicht unbedingt in der Hochsaison schnüren, sondern auf die Vor- oder Nachsaison ausweichen. In der Vorsaison (Juni) müssen Sie allerdings damit rechnen, dass Wege wegen großer Schneemengen noch unpassierbar sind.

Entlang der Routen stehen in leicht zu meisternden Tagesetappen Hütten zur Übernachtung bereit. Das Hüttenangebot reicht von einfachen Hütten für Selbstversorger bis zu luxuriösen Hütten mit allem denkbaren Komfort.

Der norwegische Gebirgswanderverein (DNT) betreibt die Unterkünfte. Die bewirtschafteten Hütten können ebenfalls von Nicht-DNT-Mitgliedern benutzt werden. Die anderen Hütten sind nur mit dem DNT-Mitgliedsausweis nutzbar. Den Schlüssel erhalten Sie gegen eine geringe Kaution in den bewirteten DNT-Hütten oder an anderen Stellen (die Liste kann beim DNT angefordert werden).

- ♦ DNT, Storgaten 3, Postboks 7 Sentrum, 0101 Oslo, ☎ 22 82 28 22, FAX 22 82 28 23, turinfo@dntoslo.no, www.dntoslo.no
- ♦ Nach Norden, Helga Rahe, Drostestraße 3, 48157 Münster, ☎ 02 51/32 46 08, FAX 02 51/32 68 46, helga.rahe@huettenwandern.de, www.huettenwandern.de
- 📖 Bergwandern, Tim Castagne, OutdoorHandbuchBand 9, Basiswissen für draußen, Conrad Stein Verlag, ISBN 978-3-86686-009-4, € 8,90

Klettergebiete

Die bekanntesten norwegischen Kletterregionen sind Romsdal und die Lofoten. Im Romsdal ist die 1.000 m hohe, fast senkrechte Felswand Trollveggen eine große Herausforderung für Spitzenkletterer. Informationen über alle Klettergebiete sowie Kletter- und Gletscherkurse bietet

- 🛈 Norwegian Climbing Federation, klatring@klatring.no, www.klatring.no
- 📖 Klettern I und II, Conrad Stein Verlag, ISBN 978-86686-385-9 und 453-5

Gletscherwandern

Gletscherwandern auf eigene Faust ist lebensgefährlich! Deshalb sollten Sie sich immer einem ausgebildeten, ortskundigen Führer anschließen. Die norwegischen Gletscher (*bre*) wandern täglich. Dabei bilden sich ständig neue Spalten, die mehrere Meter lang sind und bis zu 40 m tief sein können. Die Gletscherspalten sind mit Schnee bedeckt, also nicht sichtbar, was das Begehen sehr gefährlich macht.

- 🛈 Jostedalsbreen Nasjonalparksenter, Str. 15, Oppstryn, ☎ 57 87 72 00, post@jostedalsbre.no, www.jostedalsbre.no
- ♦ Norsk Bremuseum, Str. 5, Fjærland, ☎ 57 69 32 88, FAX 57 69 32 87, post@bre.museum.no, www.bre.museum.no
- ♦ Breheimsenteret, Str. 55(604), Jostedalen, ☎ 57 68 32 50, FAX 57 68 32 40, jostedal@jostedal.com, www.jostedal.com

Gletscherwandern auf dem Jotunheimen

Fahrradfahren

Um Norwegen mit dem Fahrrad zu erkunden, müssen Sie in einer guten körperlichen Verfassung sein. Es müssen einige Höhenmeter zurückgelegt werden, und der häufig wehende Wind kommt zum einen meist von vorne und ist zum anderen auch die Ursache für das wechselhafte Wetter. Dennoch nimmt die Zahl derer, die dieses wunderbare Land auf dem Rad erkunden, ständig zu.

- Syklistenes Landsforening, Storgaten 23 C, 0028 Oslo, ☎ 22 47 30 40, FAX 22 47 30 31, 🖥 www.slf.no.

Der norwegische Radfahrerverband (Sykklistenes Landsforening) hat ein Buch mit 22 Touren, Karten und nützlichen Tipps auch auf Deutsch herausgebracht.

- ♦ Sykkelturisme i Norge SND, Fylkehuset, 3706 Skien, ☎ 35 52 99 55, 📧 info@bike-norway.com, 🖥 www.cyclingnorway.no

Mountainbiker sollten ihr Können in **Hemsedal** testen. In Norwegens MTB-Metropole können Sie Ihr Bike mit dem Sessellift ins Fjell transportieren und dann auf den 3½ km langen Abfahrtspisten, die 450 m in die Tiefe gehen, Ihre Fahrkünste unter Beweis stellen.

- Hemsedal Turistkontor, 3560 Hemsedal, ☎ 32 05 50 30, FAX 32 05 50 31, 📧 info@hemsedal.com, 🖥 www.hemsedal.com

Auf den zahlreichen norwegischen Fähren und auch auf den Schiffen der Hurtigrute ist es immer möglich, ein Fahrrad mitzunehmen. Dabei zahlen Sie für Ihr Fahrrad etwa genauso viel wie für ein Kind.

Kanufahren

Wasserflächen für Kanutouren bietet das Land reichlich. Eine beliebte Tour führt durch den Telemark-Kanal, der eigentlich kein richtiger Kanal ist. Auf 110 km geht es von Dalen nach Skien durch die Seen der Telemark.

> Norges Padleforbund, Sognsv. 75L, 0855 Oslo, ☎ 21 02 98 35, FAX 21 02 98 36, sven.n.anderssen@padling.no, www.padling.no Der Kajakverband hält zu jedem Fluss und See in Norwegen nützliche Informationen parat.

Rafting

Flüsse, auf denen man den Abenteuersport Rafting betreiben kann, gibt es in Norwegen ausreichend. Das Stromschnellen-Rafting ist nicht ganz ungefährlich, darum ist es empfehlenswert, sich einer Gruppe mit qualifizierten Leitern anzuschließen. Die bekanntesten Rafting-Flüsse sind Sjoa, Trysilelva und Driva. Die örtlichen Touristenbüros haben dazu Informationen ausliegen.

Skilanglauf

Die Norweger behaupten von sich, dass sie mit Skiern geboren werden. Sie sind die Skination Europas. Überall im Land gibt es Skistationen und gespurte Loipen, die zum Teil beleuchtet sind. Beste Zeit für den Skiurlaub ist im März und im April. Vorher sind die Tage noch sehr kurz und dunkel und die Temperaturen liegen um den Gefrierpunkt.

Wenn Sie über Ostern Ski fahren wollen, müssen Sie Ihre Unterkunft von zu Hause aus buchen, weil die beliebtesten Skiorte sehr voll sind. Dazu veröffentlicht das norwegische Fremdenverkehrsbüro jedes Jahr zum Winter die Broschüre „Norwegen, das Winterwunderland" mit zahlreichen Tipps und Adressen.

Tanken

Obwohl Norwegen das größte Erdölförderland Europas ist, kostet Benzin im Schnitt etwa 25 bis 35 Cent mehr als in Deutschland. Das Tankstellennetz ist eng geknüpft, nur sollten Sie die Entfernungen in Nordnorwegen nicht unterschätzen und rechtzeitig eine *bensinstasjon* anfahren. Die Oktanwerte liegen höher als bei den deutschen Benzinsorten. So entspricht das norwegische 95 Oktan bleifrei unserem „Super bleifrei". Beim Tanken von Dieselkraftstoff müssen Sie darauf achten, dass zwei Sorten angeboten werden: unversteuertes (*avgiftsfri*) und versteuertes. Touristen müssen den teureren versteuerten Dieselkraftstoff kaufen. Nehmen Sie den anderen, kann das eine Strafe von € 250 nach sich ziehen.

Einfahrt in den Nordkaptunnel

Tunnel

26 der 100 längsten Straßentunnel der Welt befinden sich in Norwegen. Sie wurden im Zuge der Begradigung der Straßen gebaut und um die Wartezeit an den Fähren zu umgehen. Der längste Tunnel der Welt (Lærdalstunnelen) wurde am 27.11.2000 vom norwegischen König Harald eröffnet. Er hat eine Länge von 24,5 km. Entlang der E 6/E 69 bis hoch zum Nordkap durchfahren Sie über 50 Tunnel.

Informationen zu den Tunneln in Norwegen unter www.vegvesen.no

Einige Beispiele

Straße	Tunnelname/Bezirk	Länge in m
E 16	Lærdalstunnelen	24.500
50	Gudvangentunnel, Sogn og Fjordane	11.400
826	Steigentunnel, Nordland	8.026
17	Svartistunnel, Nordland	7.610
E 69	Nordkaptunnel, Nordland	6.870
76	Tosentunnel, Nordland	5.800

Unterkunft

🛏 Hotels

Es gibt um die 400 Hotels in Norwegen, die sich mit besonderen Merkmalen auch **Turisthotell** nennen dürfen. Wenn die Häuser über 700 m hoch liegen, dürfen sie sich den Namen Høyfjellshotell geben.

☺ Einzelne Hotelketten haben für ihre Häuser ein Rabattsystem entwickelt. Beim Kauf eines Hotel-Passes erhält man dann in den Häusern Ermäßigungen. So bieten die Choice Hotels Scandinavia (💻 www.choicehotels.no) und Rica Hotels (💻 www.rica.no) über ihre Mitgliedschaften Rabatte und Bonuspunkte an.

Eine interessante Hotelkategorie ist die der „historischen Hotels". 34 Hotels, die zwischen 1380 und 1939 erbaut wurden, gehören dieser Kategorie an. Es sind Häuser im norwegischen Holzarchitekturstil, im Empire- oder auch im Jugendstil (Infos im Internet unter 💻 www.historiske.no).

Interessant ist auch der Fjordpass. Mit dem Erwerb dieses Passes erhält man beträchtliche Rabatte bei Übernachtungen in 100 Hotels, Gästehäusern und Cabins in Norwegen. Der Pass kostet NOK 150 und ist für zwei Erwachsene und die mitreisenden Kinder unter 15 Jahren gültig. Rabatte gibt es auch für Mietfahrzeuge, auf ausgewählten Touristenschiffslinien und bei verschiedenen Aktivitäten. Weitere Infos auf 💻 www.fjordpass.no, www.fjordtours.com.

⚠ Camping

Norwegen ist ein Paradies für Campingfreunde. Die Norweger lieben es, sich in ihrer Freizeit in der Natur aufzuhalten, und so besitzen sehr viele Familien einen Wohnwagen oder ein Wohnmobil, das benutzt wird, sobald es das Wetter einigermaßen zulässt. Das Jedermannsrecht als Ausdruck der Naturverbundenheit der Menschen wird in Skandinavien als ein Grundrecht empfunden, das natürlich auch jedem Touristen zusteht. Allerdings ist die Attraktivität einiger Kommunen so stark gestiegen, dass das Jedermannsrecht eingeschränkt werden musste (☞ Jedermannsrecht). Die Einschränkungen gelten in erster Linie für Wohnmobil-Reisende, die auf offizielle Campingplätze verwiesen werden.

Es gibt ca. 1.400 offizielle Campingplätze in Norwegen, die in fünf Kategorien eingeteilt sind, gekennzeichnet mit einem bis fünf Sternen (*********). Schon die Campingplätze mit **einem Stern** müssen dem Gast Entleerungsstellen für Abwasser anbieten. Ab **zwei Sternen** ist eine Entsorgungsstelle für Chemietoiletten vorgeschrieben. Auf einem Campingplatz mit **drei Sternen** steht zusätzlich eine Waschmaschine bereit. **Vier Sterne**-Campingplätze müssen u.a. eine Sauna haben, eine Schwimmhalle oder ein Badestrand darf maximal 1 km entfernt sein.

Preise für Campingübernachtungen mit Wohnwagen, Wohnmobil oder Zelt variieren in den einzelnen Kategorien zwischen NOK 80 bis 200 pro Wohneinheit und Tag für 2 bis 3-Sterne-Plätze und NOK 200 bis 400 für 4 bis 5-Sterne-Plätze.

Auf den meisten Campingplätzen stehen sogenannte Campinghütten (*hytte*) mit 2-6 Betten, Kochplatten und Kühlschrank zur Verfügung.

Camping am Geirangerfjord

Eine nützliche Hilfe ist die Camping Key Europe Karte (ehemals skandinavische Campingkarte Camping Card Scandinavia). Mit dieser Karte können Sie schneller und sicherer auf den meisten skandinavischen Campingplätzen einchecken. Erhältlich bei:

- TAG-Systems A/S, Postboks 555, 8601 Mo
- Reiselivsbedriftenes Landsforening (RBL), www.camping.no/de

Die Karte kostet NOK 130 (Preis 2014). Sie bietet Ihnen einige Vorteile, die Sie durchaus nutzen sollten, z.B. gibt es bei einigen Fähren bis zu 10 % Rabatt. Zusätzlich garantiert Ihnen die Campingkarte folgende Vorteile: schnelleres Ein- und Auschecken, Unfallversicherung für Sie und Ihre Familie, Bezahlung der Campinggebühren erst bei der Abreise, d.h. bis zu 14 Tage zinslosen Kredit.

Seit 2006 ist die Campingkarte auf allen den großen Campingorganisationen angeschlossenen Campingplätzen Pflicht. Es gibt natürlich auch andere Campingplätze, nur müssen Sie sich dann unter Umständen auf eine längere Suche einstellen. Sind Sie im Besitz einer internationalen Campingkarte, so ist diese selbstverständlich auch gültig. Camping-Informationen gibt es auch beim Norwegischen Automobilclub, der eine eigene Broschüre mit 300 Campingplätzen anbietet.

♦ Norges Automobil Forbund (NAF), Storgt. 2, 0105 Oslo, ☏ 22 34 14 00, FAX 22 34 15 70, 🖥 www.nafcamp.no/de

Bei den Klassifizierungssignes der Campingplätze ist fast immer „Ausguss für Chemietoiletten" angegeben. Nicht alle sind jedoch für das direkte Entleeren der Chemietoilette eines Wohnmobils geeignet.

Jugendherbergen

Eine Altersbegrenzung besteht in den etwa 100 Jugendherbergen (*Vandrerhjem*) der Organisation Norske Vandrerhjem (NoVa) nicht. Familien sind herzlich willkommen. Bei Bettenknappheit haben Wanderer und Radfahrer Vorrang vor motorisierten Reisenden. Es gibt Einzel-, Doppel- und Familienzimmer, oft sogar mit eigener Dusche/WC.

Eine Übernachtung kostet zwischen NOK 85 und NOK 300 (z.T. mit Frühstück). Sie bekommen 15 % Rabatt auf die Übernachtungspreise, wenn Sie Mitglied in einem Jugendherbergsverband sind. Kinder zwischen 3 und 15 Jahren, die im Zimmer der Eltern übernachten, erhalten einen Rabatt von 50 %, auch auf die Mahlzeiten. Die meisten Vandrerhjeme sind nur in den Sommermonaten geöffnet.

Norske Vandrerhjem, PB 53 Grefsen, 0409 Oslo, ☏ 23 12 45 10, FAX 23 12 45 19, ✉ info@hihostels.no, 🖥 www.hihostels.no

Rorbu

Rorbus haben eine lange Geschichte, die bis ins Mittelalter zurückreicht. Die einfachen Holzhäuser, direkt am Meer oder Fjordufer gelegen, wurden ursprünglich von Fischern während der Fangsaison als Unterkünfte genutzt. Nun werden sie in den Sommermonaten an Touristen vermietet. Mittlerweile gibt es auch neue Rorbuer, die den Originalen nachempfunden wurden und mehr Komfort bieten. Eine „normale" Hütte können Sie natürlich auch mieten. Die soliden Ferienhäuser finden Sie in großer Zahl und in unterschiedlichsten Größen auf den Campingplätzen. Die Küchen sind meist auch mit Kochutensilien ausgestattet. Auch ein offener Kamin gehört fast immer zur Standardausstattung. Infos erhalten Sie beim Norwegischen Fremdenverkehrsamt.

Weitere Unterkünfte: *Pensjon* (Pension), *Gjestgiveri* (Gasthaus), *Fjellstue* (Berggasthof), *Turiststasjon, Turistheim, Seter* (Almhaus) oder *Gård* (Hof). Private Unterkünfte werden mit *værelser, rom* oder *overnatting* ausgewiesen. Da das Land sehr kinderfreundlich ist, bieten fast alle Unterkünfte Ermäßigungen für Kinder an. Oft können Kinder sogar gratis in einem Extrabett im gleichen Zimmer übernachten.

Updates

Der Conrad Stein Verlag veröffentlicht Updates zu diesem Buch, die direkt vom Autor oder von Lesern dieses Buches stammen. Bitte suchen Sie vor Ihrer Abreise auf der Verlags-Homepage 💻 www.conrad-stein-verlag.de diesen Titel. Unter dem Link „mehr lesen" finden Sie alle wichtigen Informationen.

Der abgebildete QR-Code führt Sie direkt zu der richtigen Seite.

Verkehrsregeln

Alkohol am Steuer

Die Promillegrenze liegt seit dem 1.1.2001 bei 0,2 ‰. Eine Überschreitung kann zu einer Haftstrafe und Führerscheinentzug für mindestens 1 Jahr führen. Das gilt auch für ausländische Autofahrer. Es ist ebenfalls verboten, unter dem Einfluss von Rausch- oder Beruhigungsmitteln ein Kraftfahrzeug zu führen.

Anschnallpflicht

Sie gilt auf Vordersitzen und, wenn Gurte vorhanden sind, auch auf der Rückbank. Kinder unter vier Jahren dürfen nur in speziellen Kindersitzen transportiert werden.

Elche und Rentiere

Ein Elchwarnschild am Straßenrand ist kein Souvenir. Elche wie auch Rentiere überqueren besonders in der Dämmerung Straßen.

Respektieren Sie Warnschilder, und beobachten Sie aufmerksam den Straßenrand. Denn ein Zusammenstoß mit einem bis zu 800 kg schweren Elch kann fatale Folgen haben. Nach einem Wildunfall ist sofort die nächste Polizeidienststelle zu informieren.

Rentiere kreuzen die E 69, dem nördlichsten Straßenabschnitt zum Nordkap

Abblendlicht
Sie müssen auch tagsüber mit Abblendlicht fahren, sonst wird ein Bußgeld fällig! Beachten Sie auch, dass es Pflicht ist, Ersatzglühbirnen für die Scheinwerfer mitzuführen.

Geschwindigkeitsbegrenzungen
Nur auf einigen ausgeschilderten Schnellstraßen dürfen Pkw 90 km/h fahren. Sonst gilt außerhalb geschlossener Ortschaften Höchstgeschwindigkeit 80 km/h. Innerhalb geschlossener Ortschaften Tempo 50, innerhalb von Wohngebieten gilt stellenweise 30 km/h. Fahrzeuge mit mehr als 3,5 t und Pkw mit Anhänger dürfen grundsätzlich nicht schneller als 80 km/h fahren, auch wenn auf der Straße eine höhere Geschwindigkeit erlaubt ist.

Papiere
Für die Einreise mit dem Fahrzeug benötigen Sie einen **nationalen Führerschein**, den **Kfz-Schein** und ein **Nationalitätenkennzeichen**. Wer mit dem eigenen Auto fährt, sollte sich bei seiner Versicherung die grüne Versicherungskarte besorgen. Sie wird jedoch nicht ausdrücklich verlangt.

Vorfahrt

Bei Kreisverkehr hat der im Kreis befindliche Fahrer grundsätzlich Vorfahrt. Auch Fahrzeuge, die von einer Hauptstraße in den Kreisverkehr einbiegen, müssen Vorfahrt achten.

Winterfahrten

Wer in der kalten, dunklen Jahreszeit in Norwegen unterwegs ist, muss damit rechnen, dass einige Passstraßen gesperrt sind. Es ist notwendig, sein Fahrzeug wintertauglich auszustatten. Dazu gehören natürlich auch Schneeketten und die in Norwegen erlaubten Spikes, die in Südnorwegen in der Zeit vom 1.11. bis zum ersten Sonntag nach Ostern benutzt werden dürfen. In Nordnorwegen dürfen Sie Spikes vom 15.10. bis zum 30.4. benutzen.

Sehr kommunikativ ist das winterliche *kolonnekjøring*. Alle Autofahrer, die eine bestimmte Gebirgsstraße fahren wollen, treffen sich auf einem Parkplatz vor der abgesperrten Strecke und warten auf den Schneepflug, der die Straße frei räumen soll. Da es bis zum Eintreffen des Straßendienstes eine Zeit dauern kann, können sich die Wartenden in beheizten Wartehäuschen die Zeit vertreiben.

Der Streckenabschnitt der E 69 zwischen Skårsvag-Nordkap ist meist zwischen Oktober und April gesperrt. Seit neuestem ist man aber bemüht, diesen Abschnitt auch im Winter frei zu halten. Wer in dieser Jahreszeit nach Norwegen reisen möchte, sollte sich bei der Tourismuszentrale oder bei der Vegmeldingssentralen in Oslo informieren, welche Straßen gesperrt sind.

◆ Vegmeldingssentralen, Oslo, ☎ 22 65 40 40

Zeitzonen

In Norwegen gilt die Sommerzeit vom letzten Sonntag im März, 2:00, bis zum letzten Sonntag im Oktober, 3:00.

Zoll

Bei der Einreise nach Norwegen müssen Sie mitgebrachte Waren angeben. An einigen Grenzübergängen sind rote und grüne Zonen eingeführt. Haben Sie etwas zu verzollen, ist die rote Zone Ihr Ziel.

▷ An **alkoholischen Getränken** darf folgende Menge eingeführt werden: Ab 18 Jahren 2 l Bier und 2 l Wein (bis 22 % vol.). Sind Sie über 20 Jahre alt, können Sie statt 2 l Wein auch 1 l Wein und 1 l Spirituosen mitbringen. Man muss mindestens 20 Jahre alt sein, um Spirituosen, und mindestens 18 Jahre alt sein, um Wein, Bier, Zigaretten oder Tabak einführen zu dürfen.

▷ Erwachsene dürfen 200 **Zigaretten** oder 250 g andere **Tabakwaren** zollfrei einführen. Wer unbedingt seine eigenen Fleischwaren mitnehmen will, sollte darauf achten, dass dieses in einem EWR-Land (ausgenommen Island und Liechtenstein) produziert und mit einem vorschriftsmäßigen Stempel des Ausfuhrlandes versehen sein muss. Bis zu zehn Kilogramm sind erlaubt.

▷ Folgende Waren dürfen Sie **nicht einführen**: Pflanzen, Eier und Kartoffeln, Medikamente, Giftstoffe, Waffen samt Munition, Angelnetze sowie Krebsfang-Ausrüstungen.

Wenn Sie eine **Waffenlizenz** aus Ihrem Heimatland vorlegen, erhalten Sie für drei Monate einen norwegischen Waffenschein und dürfen Ihre eigenen Waffen benutzen.

Anzeige

Routenbeschreibung

Die Europastraße 6 (E 6) beginnt am südlichsten Zipfel Schwedens in **Trelleborg**. Von dort geht es über **Malmö**, **Göteborg**, **Uddevalla** zur schwedisch-norwegischen Grenze bei **Svinesund** (510 km). Nachdem Sie die 420 m lange und 60 m hohe Brücke von Svinesund überquert haben, sind es noch 95 km bis Oslo. Von Oslo sind es laut Entfernungstabelle auf der E 6/E 69 bis hoch zum Nordkap 2.116 km.

E 6 - Informationen

Tanken entlang der E 6

Da die Benzinpreise in Norwegen höher als in Deutschland sind, sollten Sie vor der Einreise noch einmal volltanken. Entlang der E 6 kommen in ausreichenden Abständen Tankstellen. Nordnorwegen ist etwas dünner besiedelt, sodass es dort weniger Tankstellen gibt. Neben oder in den meisten Tankstellen befindet sich oft auch ein *Kro*, ein Restaurant, zumindest aber ein Imbiss. Somit ist das „Nachtanken von Mensch und Maschine" gewährleistet.

Rastplätze

Auf dem Weg zum Nordkap passieren Sie fast 100 Rastplätze. Über die Hälfte sind mit behindertengerechten Toiletten ausgestattet. Rastplätze, die mit einem „i" auf dem Verkehrsschild angekündigt werden, halten Informationen über die Region und die nächsten Camping- und Rastplätze mit WC bereit. Camping ist auf Rastplätzen nicht gestattet.

Mautgebühren

Entlang der E 6 nehmen die Mautstationen wieder zu. Vier neue Mautstellen kommen 2014 zwischen Gardermoen und Stange (vor und hinter dem Mjøsa-See) hinzu. Kosten insgesamt 57 bzw. 114 NOK.

Eine weitere neue Mautstation befindet sich bei Tingberg hinter dem Abzweig zum Hunderfossen Familiepark und kostet 22/44 NOK.

Vor und hinter Trondheim wird es auch teurer: Ab dem Kreisverkehr E6/E39 vor Trondheim und Stjørdal hinter Trondheim folgen fünf Mautstellen. Sie zahlen hier insgesamt 82/164 NOK. An der ersten Mautstation vor Trondheim zahlen Sie in der Zeit von 7:00-9:00 und 15:00-17:00 10 bzw. 20 NOK mehr.
Eine Mautstelle ist seit dem 1.7.2012 weniger: die Fahrt durch den Nordkap-Tunnel ist jetzt gebührenfrei!

Hinzu kommen die Transportkosten auf der einzigen verbliebenen Fähre entlang der E 6. Sie verkehrt zwischen Bognes und Skarberget. Pkw bis 6 m NOK 98, 6,01 bis 7 m NOK 241, 7,01 bis 8 m NOK 283, 8,01 bis 10 m NOK 362, Erwachsene NOK 36, Kinder NOK 18, Motorrad NOK 61.

Oslo

- 565.000 Einwohner
- Norges Informasjonstjenester, Fridtjof Nansens Plaas 4, 0160 Oslo,
  ☎ 81 53 05 55, FAX 23 15 88 11, ✉ info@visitoslo.com, 🖥 www.visitoslo.com, ganzjährig Mo bis Sa 9:00 bis 16:00, Juni 9:00 bis 18:00, So 9:00 bis 16:00, Juli bis August 9:00 bis 20:00, So 9:00 bis 20:00. ✋ Im September 2014 zieht die Touristeninfo um! Sie findet sich dann in Østbanehallen am Hauptbahnhof Oslo. Der genaue Termin ist noch nicht bekannt!
- Turistinformasjonen, Sentralstasjonen, ☎ 22 17 11 24, ganzjährig Mo bis Mi 8:00 bis 23:00, Do bis So 8:00 bis 15:00 und 16:30 bis 23:00, Mai bis September 8:00 bis 23:00
- Norske Turistforening und Turistforeningen for Oslo og Akershus, Akershus Reiselivsråd, Schweigaardsgate 4, 0185 Oslo, ☎ 22 05 50 00, FAX 22 05 58 99, ✉ info@akershus.com, 🖥 www.akershus.com
- Norges Automobil Forbund NAF, Østensjøveien 14, 0609 Oslo, ☎ 22 34 14 00, FAX 22 33 13 72
- Kongelig Norsk Automobilklub KNA, Drammensveien 20C, 0255 Oslo, ☎ 22 56 19 00
- Bogstad Camping ***, Ankerveien 117, ☎ 22 51 08 00, FAX 22 51 08 50, ✉ mail@bogstadcamping.no, 🖥 www.bogstadcamping.no, ganzjährig, ♦ 🏠 ⚡ 🍴 ♨ . ➲ 12 km vom Zentralbahnhof, über die E 18 Richtung Drammen (6 km), danach den Schildern folgen, direkt am See, GPS N 59°57.751' E 10°38.64'
- Ekeberg Camping ***, Ekebergveien 65, ☎ 22 19 85 68, FAX 22 67 04 36, ✉ mail@ekebergcamping.no, 🖥 www.ekebergcamping.no, 1.6. bis 1.9., ♦ 🏠 🍴 ⚡. ➲ 2,5 km südöstlich vom Bahnhof, sehr zentral gelegen auf einem Plateau mit guter Aussicht, GPS N 59°53.872' E 10°46.508'
- Oslo Fjord Camping**, Ljansbrukveien 1, ☎ 45 50 47 65, ✉ fjordcamp@naf.no, 1. Mai bis 30. September 7:00 bis 23:00, 🚐-Vermietung, ♦ 🏠 🍴 ⚡ ♨ . ➲ 9 km südöstlich vom Bahnhof, direkt am Fjord. Zu erreichen auf der E 18 Richtung Göteborg/Stockholm, GPS N 59°50.073' E 10°46.495'

- Viubråtan Camping, Harestua, ☎ 61 32 35 91, ✉ viubraatan@gmail.com, 🖥 www.viubraatan.net, 🕑 ganzjährig. ➲ 40 km nördlich vom Bahnhof. Zu erreichen über die Straße Nr. 4 über Grønvoll nach Harestua, GPS N 60°9.547' E 10°43.556'
- Sjølyst Marina Bobil parkering, Drammensveien 164, ✉ post@bobilparkering, 🕑 1. Juni bis 15. September, Am Bootshafen Sjølist, keine 10 Min. mit dem Rad ins Zentrum, GPS N59° 6.714' E10° 25.0462'
- Oslo Vandrerhjem Haraldsheim, Haraldsheimveien 4, 0409 Oslo, ☎ 22 22 29 65, FAX 22 22 10 25, ✉ oslo.haraldsheim@hihostels.no, 🖥 www.haraldsheim.no
- Oslo Vandrerhjem Holtekilen, Micheletsvei 55, 1368 Sabekk, ☎ 67 51 80 40, FAX 67 59 12 30, ✉ oslo.holtekilen@hihostels.no, 🕑 10. Mai bis 20. August
- Comfort Hotel Børsparken, Tollbugaten 4, 0152 Oslo, ☎ 22 47 17 17, FAX 22 47 17 18, ✉ co.borsparken@choice.no, 🖥 www.nordicchoicehotels.com/comfort/comfort-hotel-borsparken/
- Clarion Collection Savoy Hotel, Universitetsgaten 11, 0164 Oslo, ☎ 23 35 42 00, FAX 23 35 42 01, ✉ cc.savoy@choice.no, 🖥 www.nordicchoicehotels.no/clarion-collection/clarion-collection-hotel-savoy/
- Clarion Collection Hotel Gabelshus, Gabels gate 16, 0272 Oslo, ☎ 23 27 65 00, FAX 23 27 65 60, ✉ cc.gabelshus@choice.no, 🖥 www.nordicchoicehotels.no/clarion-collection/clarion-collection-hotel-gabelshus/
- Rica Oslo Hotel, Europaràdets Plass 1, 0154 Oslo, ☎ 23 10 42 00, FAX 23 10 42 10, ✉ rica.oslo.hotel@rice.no, 🖥 www.rica.no
- ✉ Dronningensgt. 15, ☎ 22 40 90 50, 🕑 Mo bis Fr 8:00 bis 17:00 und Sa 9:00 bis 13:00
- BANK 🕑 in der Hauptsaison Mo bis Fr 8:15 bis 15:30 und Do 8:15 bis 17:00
- Insgesamt fahren 5 **U-Bahn**-Linien (T-Bahn) und einige Sonderzüge in Ost-West-Richtung. Alle Züge passieren die Station **Stortinget**. Hinzu kommen 8 **Straßenbahnlinien**, die die Stadt ebenfalls in Ost-West-Richtung durchqueren. Des Weiteren gibt es 50 **Bus**linien mit Knotenpunkt am Hauptbahnhof (*Sentralstasjon*).

  ℹ Trafikanten, Jernbanetorget (Hauptbahnhof), ☎ 22 17 70 30, 🕑 Mo bis Fr 7:00 bis 20:00 und Sa/So 8:00 bis 18:00
- ☺ Wenn Sie eine **Oslokortet** kaufen, können Sie alle Verkehrsmittel unbegrenzt kostenlos nutzen. Weitere Vorzüge sind freier Eintritt in zahlreiche Museen, kostenloses Parken auf öffentlichen Parkplätzen, Ermäßigungen bei Sightseeing-Fahrten mit Bus und Schiff, usw. Die Oslokarte ist erhältlich in allen Osloer Hotels, in den Informationsbüros, auf Campingplätzen, an Narvesen-Kiosken, bei Trafikanten sowie auf einigen Postämtern.

- Eines der neuesten Geschäftsviertel ist Aker Brygge am ehemaligen Anleger direkt am Hafen gegenüber der Akershus Festning. In den umgebauten Fabrikhallen gibt es über 50 Geschäfte, 35 Restaurants, Kinos, Theater sowie Delikatessengeschäfte.
- Die Karl Johans gate ist die Hauptstraße von der Sentralstasjon bis zum Schloss. Dazwischen liegt das Parlamentsgebäude (Stortinget), das Nationaltheater, die Universität und die Domkirche. In der Karl Johans gate 37-43 verbirgt sich hinter einer alten Fassade das Einkaufscenter Paléet mit 45 Geschäften und 13 Restaurants. Im Frühjahr 2014 hat es in restauriertem Zustand wieder komplett geöffnet.
  www.visitoslo.com/de/shopping
- Villmarkshuset, Chr. Krohgsgate 16, Ausrüstungs-, Aktivitäten- und Ausflugscenter am Fluss Akerselv mitten in Oslo. Hier bekommen Sie alles zum Wandern, Klettern, Jagen, Angeln, Fahrradfahren, Kanutouren, Bücher u.v.m.
- Wikingerschiffmuseum (*Vikingskipshuset*) Huk Aveny 35, ☎ 22 13 52 80, zeigt zwei der am besten erhaltenen Wikingerschiffe aus dem 9. Jh., große Schiffsgräberfunde und andere Funde aus Häuptlingsgräbern um den Oslofjord sowie Boote, Schlitten und Wagen mit einzigartiger Ornamentik, 🕘 9:00 bis 18:00, NOK 40/20, www.khm.uio.no.

Fram Museum

⌘ Kon-Tiki-Museum (*Kon-Tiki Museet*), Bygdøynesveien 36, ☎ 23 08 67 67, ✉ kon-tiki@kon-tiki.no, 💻 www.kon-tiki.no, zeigt Fahrzeuge und Ausrüstungsgegenstände von Thor Heyerdahls Expeditionen. Ein Highlight ist das Kon-Tiki-Floß von 1947 sowie die Statuen von der Osterinsel. Aber auch Heyerdahls Papyrusboot Ra II und ein Tigris-Modell lassen erahnen, welchen Strapazen Heyerdahl und seine Crew ausgesetzt waren. 🕐 in der Hauptsaison 9:30 bis 18:00, NOK 90/40.

♦ Fram-Museum (*Frammuseet*) (📷 Seite 63), Bygdøynesveien 36, ☎ 23 28 29 50, 💻 www.frammuseum.no, zeigt das Polarschiff Fram mit der vollständigen Ausrüstung im Original. Mit an Bord waren Fridtjof Nansen, Roald Amundsen und Otto Sverdrup auf insgesamt drei Expeditionen, 🕐 9:00 bis 18:00, NOK 80/30.

♦ Vigelandsparken (Haupteingang vom Kirkeveien), ☎ 22 54 25 30, meistbesuchte Attraktion Norwegens. Über 1 Mio. Besucher kommen jährlich in den Park, in dem Gustav Vigeland (1869-1943) über 200 von ihm entworfene Skulpturen aufgestellt hat, 🕐 rund um die Uhr, ganzjährig.

♦ Nationalgalerie (*Nasjonalgalleriet*), Universitetsgaten 13, ☎ 22 20 04 04, *Nasjonalmuseet for kunst* (Nationalmuseum für Kunst), 💻 www.nasjonalgalleriet.no, zeigt die größte Sammlung norwegischer und ausländischer Kunst bis 1945 in Norwegen. 🕐 Di, Mi, Fr 10:00 bis 18:00, Do 10:00 bis 19:00, Sa und So 12:00 bis 17:00, Mo geschlossen, NOK 50/30

♦ *Holmenkollen*-Nationalanlage, Kongeveien 5, ☎ 22 92 32 00, ✉ kultur@skiforeningen.no, 💻 www.holmenkollen.com: mit der weltberühmten Holmenkollbakken-Skisprungschanze. Die erste Schanze wurde bereits 1892 erbaut, seitdem mehrmals modernisiert und erweitert, u.a. als Hauptarena für die Olympischen Winterspiele 1952. Diese Sprungschanze wurde im Oktober 2008 abgerissen. Zur Nordischen Ski-WM 2011 in Oslo wurde eine neue Anlage erbaut.

❶ Schloss
❷ Nationaltheater
❸ Storting
❹ Domkirche
❺ Nationalgalerie
❻ Historisches Muse
❼ Akershus-Festung
❽ Norsk Hjemmefro museet

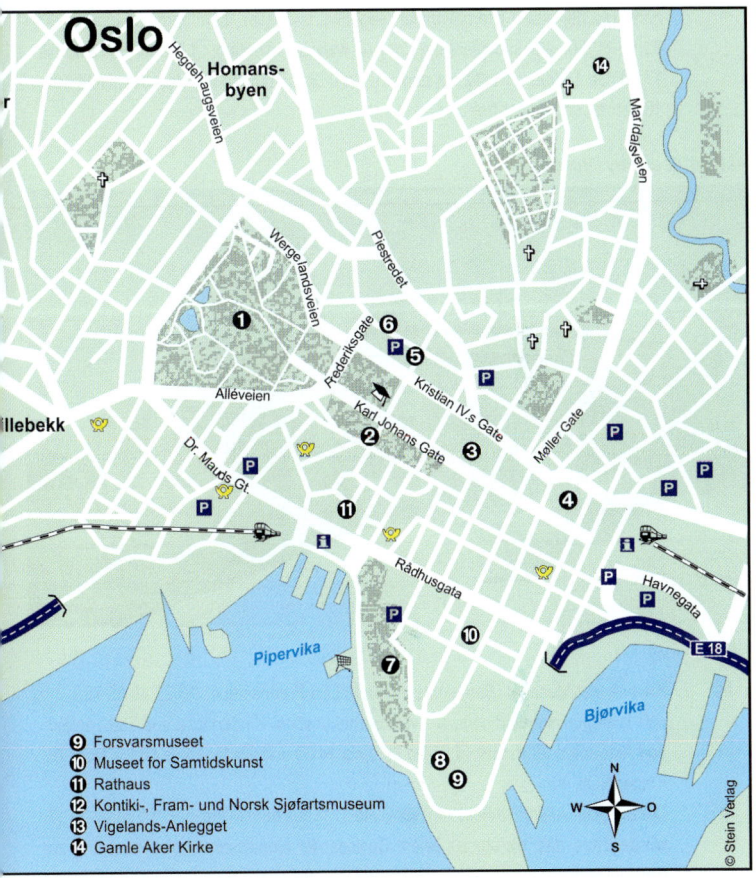

- ⑨ Forsvarsmuseet
- ⑩ Museet for Samtidskunst
- ⑪ Rathaus
- ⑫ Kontiki-, Fram- und Norsk Sjøfartsmuseum
- ⑬ Vigelands-Anlegget
- ⑭ Gamle Aker Kirke

♦ *Munch*-Museum, Tøyengata 53, ☎ 23 24 14 00, ✉ mm@munch.museum.no, 🕐 Mo bis So 10:00 bis 17:00, NOK 95/50, 💻 www.munchmuseum.no, zeigt eine einzigartige Sammlung des Malers Edvard Munch.

♦ Neben dem neuen Geschäftsviertel Aker Brygge schließt sich auf einer Insel zum Oslofjord hin ein neues Wohn-, Geschäfts- und Shopping-Viertel an. Hier finden Sie das Astrup Fearnley Museum in einem zweiteiligen Gebäude vom Architekten Renzo Piano. Freunde der modernen Kunst finden hier bedeutende Sammlungen norwegischer sowie internationaler Gegenwartskünstler. Strandpromenaden 2, ☎ 22 93 60 60, ✉ info@fearnleys.no, 🖳 www.afmuseet.no. Di, Mi, Fr 12:00 bis 17:00, Do 12:00 bis 19:00, Sa und So 11:00 bis 17:00, Mo geschlossen, NOK 100, 18 Jahren und jünger frei.

Astrup Fearnley Museum

- Kinderkunst-Museum (*Barnekunstmuseet*), Lille Frøens vei 4, ☎ 22 46 85 73, ✉ mail@childrensart.com, 🖳 www.barnekunst.no, Kinderkunst aus 180 Ländern und Aktivitäten für Kinder, Di-Do 9:30 bis 14:00 und So 11:00 bis 16:00, NOK 75, Kinder NOK 40
- Die Burg der *Akershus Festning* (📷 Seite 171) aus dem Mittelalter, ☎ 23 09 39 17, wurde Ende des 16. Jh. zu einem Schloss der Renaissance umgebaut und zur Bastionsfestung ausgeweitet. Spannend ist die Wachablösung der Königlichen Garde um 13:30, täglich 6:00 bis 21:00, Eintritt frei.
- *De kongelige Slott* (Königliches Schloss), Drammensveien 1, die königliche Residenz wurde zwischen 1824-48 erbaut. Sie ist in der Zeit von Mitte Juni bis etwa Mitte August geöffnet. Regelmäßige Führungen (norw.) Mo bis Do und Sa 11:00 bis 17:00, Fr, So sowie an königlichen Geburtstagen (4. und 20. Juli) von 13:00 bis 17:00. Führungen in Englisch Mo bis Do und Sa 12:00, 14:00 und 14:20, Fr, So 14:00, 14:20, 16:00. Tickets gibt es an den Narvesen-Kiosken, in Postämtern und 7-

- Eleven Shops (NOK 95/85) oder unter 🖥 www.billettservice.no. Der Schlosspark ist ständig geöffnet, der Königin-Park von Mai bis Oktober. Die Wachablösungen finden täglich um 13:30 statt. 🖥 www.kongehuset.no
- Durch das *Akershus Slott*, ☎ 22 41 25 21, mit prächtigen Sälen, der Schlosskirche und dem königl. Mausoleum gibt es tägl. Führungen, NOK 40/10.
- *Rådhuset* (Rathaus), ☎ 23 46 16 00, die Gestaltung der Räume lag in den Händen norwegischer Künstler aus der ersten Hälfte des 20. Jh., 1.5. bis 31.8. täglich 9:00 bis 16:00, 🖥 www.visitoslo.com

Geschichte

Die Hauptstadt Norwegens, die von Harald Hårdråde gegründet wurde, ist nach neueren archäologische Funden 1.000 Jahre alt. Deshalb feierte Oslo im Jahr 2000 sein 1.000-jähriges Bestehen. 1348 wurde die Stadt von der Pest heimgesucht, die über 50 % der Bevölkerung auslöschte. Ein Brand, den der Sage nach vier Hexen gelegt haben sollen, zerstörte 1624 die Stadt. Der damalige dänisch-norwegische König Christian IV. ließ Oslo neu aufbauen und benannte die Stadt nach sich selbst: **Christiania**. Erst seit 1925 heißt die Stadt wieder Oslo. Zum Stadtgebiet zählen 40 Inseln und 343 Seen.

Trotz der Lage im hohen Norden ist das Klima im Frühjahr und Sommer warm, im Herbst gemäßigt. Zwischen Dezember und April sind die Schneeverhältnisse gut, und die Hauptstädter zieht es hinaus auf die über 2.000 km gespurten Loipen. Die Abfahrtspisten sind ebenfalls sehr beliebt. Die bekannteste Skianlage ist die Holmenkollen-Sprunganlage, die über der Stadt thront. Statistisch betrachtet ist Oslo die sonnenreichste Stadt Skandinaviens.

Los geht's!

In Norwegen ist es Pflicht, auch tagsüber mit Abblendlicht zu fahren. Daran sollten Sie unbedingt nach Verlassen der Fähre denken.

Bedenken Sie, dass der Kilometerzähler Ihres Tachometers eine Abweichung von bis zu 5 % aufweisen kann. Das sind auf 100 km immerhin 5 km.

Die Kilometerangaben beziehen sich auf die E 6, die kleineren Abzweigungen zu Wasserfällen und Rastplätzen sind nicht mit eingerechnet.

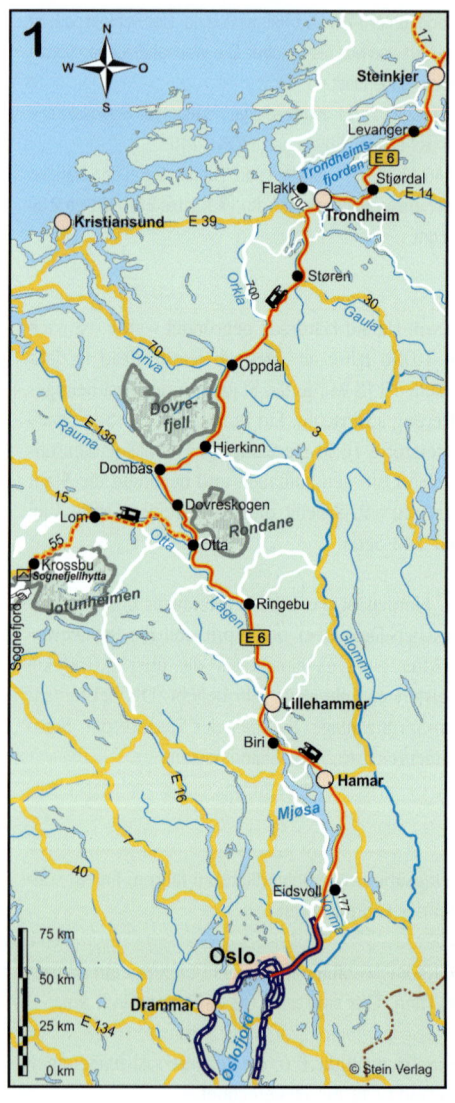

km 0 Hinter dem **Hjortneskaia** an der Anlegestation der Color-Line geht es rechts auf die E 18 und gleich in den 1.800 m langen Oslo- oder Festningstunnelen. Nach kurzer Fahrt folgt der 1.540 m lange Ekebergtunnelen. Nach dem Tunnel geht es hinab zum 🚐 ⛺ Ekeberg-Campingplatz. Sie sind jetzt bereits auf der E 6 Richtung Hamar/Lillehammer. Nach der Abzweigung folgt der 800 m lange Tolerängtunnelen.

Wenn Sie das Zentrum verlassen haben, führt Sie die E 6 durch die Vororte Oslos. Hier ist die Straße sehr gut ausgebaut. Erlaubt ist eine Höchstgeschwindigkeit von 90 km/h.

12 Mautstation. Nur wer über den Landweg nach Oslo hineinfährt, muss NOK 15 bezahlen. Wer mit der Fähre bis Oslo fährt, ist davon befreit.

45 Abzweigung zum Gardermoen-Flughafen, Norwegens größtem Airport. In diesem Abschnitt kommen einige 🅿, auch mit 💧

Es folgen erste Elchschilder mit dem Zusatz Krysningspunkt. Das bedeutet, dass die Tiere an dieser Stelle durch eine Öffnung im Zaun die Straße passieren können. Besonders in der Dämmerung ist Vorsicht geboten.

Bis Trondheim folgt die E 6 dem alten Königsweg, der traditionellen Landverbindung zwischen Süd- und Nordnorwegen.

Im folgendem Abschnitt bis Minnesund folgen vier Mautstationen mit Gebühren von zusammen NOK 57/114 (bis 6 m Länge / über 6 m Länge). Die E 6 wird hier jetzt auch zweispurig ausgebaut.

67 Eidsvoll

Eidsvollsbygningen: Das Eidsvollgebäude im Ort ist ein Nationalheiligtum Norwegens. Im Reichssaal wurde am 17.5.1814 das Grundgesetz des Landes unterzeichnet. Der Saal ist heute noch genauso eingerichtet wie damals. Der Tag der Unterzeichnung ist heute der nationale Feiertag. In Eidsvoll war von 1750 bis 1907 ein Goldbergwerk in Betrieb. Heute dürfen Touristen ihr Glück versuchen und können durch erfolgreiches Aufspüren von Goldnuggets ihre Reisekasse aufbessern. www.eidsvoll.kommune.no.

Von Eidsvoll können Sie entweder wieder zurück auf die E 6 fahren oder auf der 177 die 9 km bis Minnesund zurücklegen.

72 Eidsvolltunnelen, 1.200 m
76 Minnesund

am südlichen Ende des Mjøsa-Sees. Die 532 m langen **Minnesundbru** (Brücke) teilt den See in zwei Teile. Vor der neuen Brücke biegen Sie rechts ab und fahren über die alte Minnesund-Brücke. Gleich hinter der Brücke wieder rechts liegt Storenga Camping,

♦ Storenga Camping, 2092 Minnesund, ☎ 63 96 83 52,
  hans.petter.flesvig@gmail.com, www.nafcamp.com, 1.6. bis 1.9. Am Ufer des Mjøsa (an der 177), GPS N60° 23.699 E11°14.931

Es ist der erste schön gelegene Campingplatz hinter Oslo. Wer nicht auf einem der Osloer Stadt-Campingplätze übernachten will, sollte bis Minnesund fahren.

Wenn Sie hinter der Brücke geradeaus an der Tankstelle vorbeifahren, gelangen Sie wieder auf die E 6.

⌘ Der Byrud Gård bei Minnesund ist eine Smaragdgrube (Smaragdgruvene), die einzige ihrer Art in Nordeuropa. Jeder Grubenbesucher darf die Smaragde, die er findet, behalten. Natürlich werden auch handgefertigte Smaragdprodukte verkauft.
- Byrud Gård, ☎ 63 96 86 11, ✉ post@smaragdgruvene.no, 🖥 www.smaragdgruvene.no, 🕒 15.4. bis 30.9., NOK 100/50

Die nächsten 25 km hinter der Minnesund-Brücke verlaufen oberhalb des Mjøsa mit freier Aussicht auf den See. In diesem Bereich wird gerade viel gebaut: die E 6 sowie die Eisenbahntrasse werden neu angelegt und erweitert. Neue Tunnel werden gegraben. Das bedeutet natürlich auch neue Mautstationen.

Zwischen Minnesund und dem 106 km entfernten Lillehammer folgen zehn Campingplätze.

Der Mjøsa

Mit seiner Fläche von 365 km^2 ist er Norwegens größter Binnensee. Seine größte Tiefe beträgt 453 m. Er liegt auf einer Höhe von knapp 122 m. Über 20 Fischarten sind in seinem Wasser zu finden. Zum Vergleich: Der Bodensee hat eine Fläche von 538 km^2 und seine größte Tiefe beträgt 252 m. Der Mjøsa ist sehr lang; er erstreckt sich bis ins 106 km entfernte Lillehammer. In seiner Mitte liegt die Grenze zwischen den Provinzen **Hedmark** und **Oppland**, die einzigen Provinzen Norwegens, die keinen Zugang zum Meer haben.

104 🚐 ⛺ Tangenodden Camping ***
- Tangenodden Camping ***, Tangenveien 54, ☎ 90 19 89 17,
  ✉ info@tangenodden.no, 🖥 www.tangenodden.no, ♦🏠🏪🍴🏊 🎣.
  ➲ 3 km von der E 6 am Mjøsa, GPS N 60°36.893' E 11°15.608'

Die E 6 entfernt sich nun vom See.

117 Auf der Höhe von **Stange**, ⌘ Motormuseum, steigt die Straße etwas an. Von der Anhöhe haben Sie einen weiten Ausblick über das flache Hinterland des Sees, das landwirtschaftlich genutzt wird. Die sacht geschwungene Landschaft zieht sich bis zum Horizont.

126 Nachdem die Straße wieder auf Seehöhe verläuft, hat man links einen Blick auf die Vikingerskipet-Halle, die Olympiahalle von Hamar. ☞ ein paar Meter weiter auf die Rv 25, auf der Sie zur Olympiahalle und ins Zentrum von Hamar gelangen.

Hamar

- ⇧ 125 m, 27.900 Einwohner (83.000 im Umland)
- Hamar Turistinformasjon, Åkersvikveien 1, 2304 Hamar, ☎ 40 03 60 36, post@hamarregionen.no, 🖥 www.hamarregionen.no, 🕐 in der Hochsaison Mo bis Fr 9:00 bis 18:00, Sa und So 10:00 bis 17:00
- Hedmarktoppen Camping, Limhusveien 15, 2305 Hamar, ☎ 62 51 93 70, FAX 62 51 93 97, hotell@hedmarktoppen.no, 🖥 www.hamar-hytteutleie.no, GPS N 60°49.172' E 11°2.620'
- Hamar NAF Camping, Strandveien 156, 2316 Hamar, ☎ 62 52 44 90, FAX 62 52 23 90, 🕐 1.5. bis 1.10.,
- Quality Astoria Hotel, Torggt. 23, 2300 Hamar, ☎ 62 70 70 00, FAX 62 70 70 01, q.astoria@choice.no, 🖥 www.nordicchoicehotels.no/quality/quality-hotel-astoria/
- Rica Hotel Hamar, Kårtopvegen 1, 2320 Furnes, ☎ 62 35 01 00, rica.hotel.hamar@rica.no, 🖥 www.rica.no
- Vikingskipet motell og vandrerhjem, (gegenüber der Olympiahalle) Åkersvikaveien 24, 2321 Hamar, ☎ 62 52 60 60, hamar@hihostels.no, 🖥 www.hihostels.no/de/herberge/hamar-jugendherberge/
- *Hedmarkmuseet og Domkirkeodden*, über der Ruine der Domkirche ist ein Glas/Stahl-Dach gebaut worden. Das Bauwerk trägt nun den Namen *Hamardomen*. Im alten Løten-Gebäude haben Kunsthandwerker ihre Werkstätten. Strandvn. 100, ☎ 62 54 27 00, post@domkirkeodden.no, 🖥 www.domkirkeodden.no, 🕐 Hauptsaison täglich 10:00 bis 17:00, Erwachsene NOK 100, Kinder NOK 50
- *Norsk Jernbanemuseet* (Eisenbahnmuseum), Strandvegen 163, ☎ 62 51 31 60, post@norsk-jernbanemuseum.no, 🖥 www.norsk-jernbanemuseum.no, 🕐 Juli bis Mitte August täglich 10:00 bis 17:00, Erwachsene NOK 90, Kinder NOK 55
- Nordeuropas größtes Schwimmbecken ist in der Anlage *Ankerskogen Svømmehall* zu finden, 🕐 werktags 10:00 bis 21:00, Sa und So 10:00 bis 18:00, Morgenbad Mo, Mi, Fr 6:30 bis 8:30, Erwachsene NOK 135, Kinder 13 bis 17 Jahre NOK 110, Kinder 3-13 Jahre NOK 90

Skibladner, der älteste Schaufelraddampfer der Welt, der noch in Betrieb ist, seit 1856 fährt er auf Norwegens größtem Binnensee. Mit glänzendem Messing, poliertem Mahagoni und Plüschsofas ist der „Weiße Schwan des Mjøsa" ein schwimmendes Museum. Im Speisesaal der 1. Klasse werden Lachs und Erdbeeren serviert. Skibladnerkontoret, Jernbanegata 2, 2801 Gjøvik, ☎ 61 14 40 80, FAX 61 14 40 81, ✉ skibladner@skibladner.no, 🖥 www.skibladner.no, ab NOK 180.

Die 1049 von Harald Hårfagre gegründet Stadt ist die Hauptstadt der Provinz **Hedmark.** Bekannteste Sehenswürdigkeit ist die *Vikingskipet Olympiahall,* die Wikingerschiff-Olympiahalle. Ihren Namen bekam sie aufgrund der ungewöhnlichen Architektur, die dem umgekippten Rumpf eines Wikingerschiffes nachempfunden ist. Sie ist 250 m lang und 110 m breit und eine der größten Sporthallen der Welt.

♦ Åkersvikvegen 1, ☎ 62 51 75 00, ✉ post@hoa.no, 🖥 www.hoa.no, 🕐 8:00 bis 16:00, NOK 40

Zurück auf der E 6 ist **Brumunddal** nach 14 km erreicht 🛒 ⛽ ♦. Der Ort am **Furnesfjorden** hat eine große Holzfabrik direkt am Fjord. ↳ Brumunddal-Nord 🚗 ⚠.

142 **Rudshøgda** ⛽ ♦ 🛌
148 Skarbsnotunnelen, 300 m
149 ↳ auf die Straße 213, **Sjusjøen.** ⛽
🚗 ⚠ Soug Camping***, ☎ 62 35 40 09, 🕐 1.6. bis 15.9., ♦ 🚿 🍴 📶 🐕

Auf der 213 passieren Sie auch den Ort **Ringsaker** mit seiner prächtigen Basilika, die 1150 errichtet wurde. Der Turm stammt aus dem Jahre 1694. Im Inneren ist der Flügelaltar, eine Schnitzarbeit mit über 100 vergoldeten Figuren, sehenswert. Rechts an der 231/216 liegt **Moelv** 🛒 ✓ ➕ ✕ BANK ☎.

150 Moelvtunnelen, 200 m
Gleich nach dem Tunnel kommt die **Mjøsabrücke**, die mit 1.420 m zu den längsten Brücken Norwegens gehört. Davor gibt es einen Rastplatz mit ✕ 🏠.
Hinter der Brücke fahren Sie am Kreisel rechts in Richtung Lillehammer. Die 29 km bis dorthin verlaufen direkt am Ufer des jetzt sehr schmalen Mjøsa entlang.

155	**Biri** 🛒 ⛽ 🔧 BANK ✂ ✕ 💧
168	⛺ Stranda Camping ***
♦	Biristrandvegen 912, 2837 Biristrand, ☎ 61 18 46 72, FAX 61 18 48 02,
	📧 post@biristrandacamping.no, 💻 www.biristrandacamping.no, 🍴 🏠 📺 ☕,
	GPS N61° 1.51667' E10° 27.02833'

Voraus ist am anderen Ufer Lillehammer zu sehen. Gut zu erkennen sind die Sprungschanzen, die auf einer Anhöhe im Olympiapark stehen.

| 177 | ↪ Erste Brücke (Vingnesbrua) ins Zentrum. Diese Abfahrt ist ungünstig. |

| 179 | ↪ **Lillehammer sentrum syd**, hinter der 543 m langen Brücke. Am ersten Kreisel rechts 1,8 km zum 🚐 ⛺ Lillehammer Camping. Am Kreisel ⛽ 🛒 ℹ |

Lillehammer

♦	km 182, 24.500 Einwohner
ℹ	Lillehammer Turistkontor, Jernbanetorget 2, 2609 Lillehammer,
	☎ 61 28 98 00, 📧 info@lillehammer.com, 💻 www.lillehammerturist.no
🚐⛺	Lillehammer Camping****, Dampsagveien 47, 2609 Lillehammer, ☎ 61 25 33 33,
	📧 resepsjon@lillehammer-camping.no, 💻 www.lillehammer-camping.no,
	GPS N 61°6.15' E 10°27.817'
↪	**Lillehammer sentrum syd**, am ersten Kreisel rechts. Wenn Sie am großen Einkaufszentrum Strandtorget vorbei sind, ist der Campingplatz noch 1,8 km entfernt. Vom Platz sind es gut 15 min Fußweg ins Zentrum. Sie können auch mit dem Wohnmobil ins Zentrum fahren, denn jeder bekommt einen festen Stellplatz zugewiesen. 💧 🏠 📺 🍴 🏊 ☕
♦	Lillehammer Turistsenter ****, Sandheimsbakken 20, 2605 Lillehammer,
	☎ 61 25 97 10, FAX 61 25 90 10, 📧 post@lillehammerturistsenter.no,
	💻 www.motelcamp.no, 📅 1.6. bis 31.8., 💧 🏠 📺 🍴 🏊 ☕. ➲ Der Platz liegt 2,5 km nördlich des Zentrums. Von hier aus blicken Sie über den Mjøsa und den Fluss **Lågen**. GPS N 61°7.331' E 10°26.288'
♦	Roterud Camping***, Geitrudvegen 33, ☎ 61 26 98 60, FAX 61 25 26 17,
	📧 post@norutleie.no, 💧 🏠 📺 🍴. ➲ An der Rv 216, 6 km Richtung **Susjøen**,
	GPS N61° 5.766' E10° 33.318'

Routenbeschreibung: Lillehammer

- Clarion Collection Hotel Hammer, Storgata 108, 2615 Lillehammer, ☏ 61 26 73 73, FAX 61 26 37 30, ✉ cc.hammer@choice.no, 🖥 www.nordicchoicehotels.com
- Rica Victoria Hotel, Storgata 84B, ☏ 61 27 17 00, ✉ rica.victoria.hotel.lillehammer@rica.no, 🖥 www.rica.no
- Lillehammer Vandrerhjem, Stasjonen, Jernbanetorget 2, 2609 Lillehammer, ☏ 61 26 00 24, ✉ lillehammer@hihostels.no, 🖥 www.hihostels.com
- Lillehammer wird vom *Skibladner - Verdens eldste Hjuldamper i drift* angefahren (☞ Hamar). Anlegestelle am rechten Seeufer direkt unterhalb der Vingnesbrua. ☏ 62 62 70 85, FAX 62 53 39 23, 🖥 www.skibladner.no
- *Maihaugen*, Norwegens größtes Freilichtmuseum, hier stehen zzt. 175 alte, typische Gebäude im Blockhausstil aus Lillehammer und dem **Gudbrandsdal** wie die Stabkirche von Garmo aus dem 13. Jh. In der Anlage können Sie das Alltagsleben eines norwegischen Dorfes im 19. Jh. miterleben. Es werden Führungen in mehreren Sprachen angeboten. Im Informationszentrum des Museums wird die Ausstellung „Wie das Land unser wurde" gezeigt, die die norwegische Geschichte von der Eiszeit über die Wikingerzeit, das Mittelalter, die Kriegsjahre 1939 bis 1945 bis zur Gegenwart behandelt. Maihaugveien 1, 2609 Lillehammer, ☏ 61 28 89 00, FAX 61 28 89 01, ✉ post@maihaugen.no, 🖥 www.maihaugen.no, 🕐 in der Hauptsaison 10:00 bis 17:00, NOK 150/75
- Weitere Museen in Lillehammer sind das Kunstmuseum mit Werken norwegischer Künstler und das Norwegische Fahrzeugmuseum.

Lillehammer ist die Hauptstadt des Bezirks Oppland und liegt am nördlichen Ende des Mjøsa-Sees am Fuße des **Gudbrandsdalen**. Die Stadt ist seit den Winterspielen 1994 weltweit bekannt. An die Spiele erinnern heute noch die Håkon-Eishockey-Halle, der Olympiapark mit dem Birkebeineren-Stadion oder auch die Skisprunganlage Lysgårdsbakkene.

☺ Zu allen olympischen Austragungsstätten, auch zur Bob- und Rodelbahn in der Nähe des **Hunderfossen-Staudamms**, werden Rundfahrten angeboten.

▷ Im Stadtzentrum ist die Fußgängerzone (*Gågata*) einen Besuch wert. Die Pflastersteine, Bäume und Straßenlaternen der Straße sind von der Jahrhundertwende erhalten. Die Holzhäuser in den charakteristischen Farben Rot und Gelb geben der Straße ihr besonderes Flair. Auch ein Blick nach unten auf die Kanaldeckel lohnt sich. Sie tragen die olympischen Ringe.

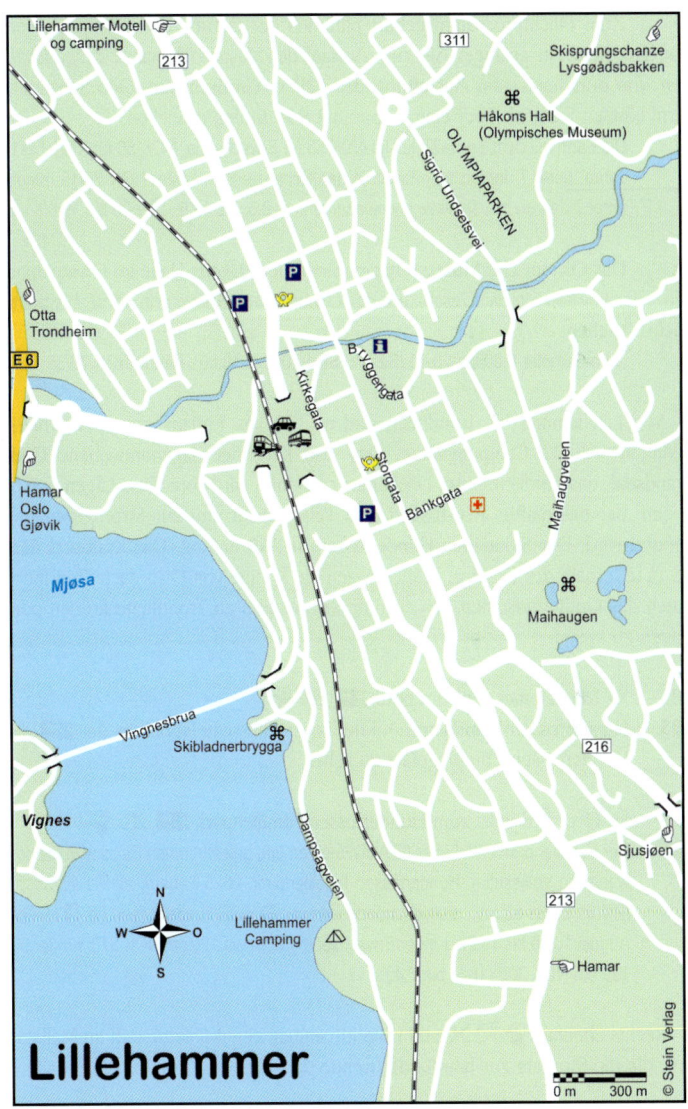

▷   Zum Pflichtprogramm gehört natürlich der Besuch des *Olympiaparken*. Mit dem Sessellift gelangen Sie zum Auslauf der Skisprungschanze *Lysgådsbakken*, von dort hoch zum Anlaufturm der 120 m-Großschanze. Den Schanzenturm können Sie auch über eine Treppe mit 954 Stufen erreichen.

♦   Die Fahrt mit dem Sessellift kostet NOK 55 für Erwachsene, NOK 50 für Kinder 7-15 Jahre, unter 7 Jahren frei. Eintritt in den Schanzenturm kostet NOK 25/15, Kinder unter 7 Jahren frei, 🖥 www.olympiaparken.no, 8.6. bis 18.8., 🕘 9:00 bis 19:00

▷   Das Olympische Museum finden Sie in der *Håkons*-Halle im Olympiaparken. Hier können Sie die Geschichte der Olympischen Spiele von 1896 bis heute nachvollziehen.

♦   🕘 im Sommer 8:00 bis 20:00 (Sa und So 10:00 bis 18:00), Eintritt NOK 75/35

Von Lillehammer bis Trondheim sind es 342 km. Entlang dieses Abschnitts befinden sich 33 Campingplätze. Das 200 km lange sagenumwobene **Gudbrandsdal**, das nördlich hinter Lillehammer beginnt, wird vom Fluss **Lågen** durchzogen, der mal mäßig, mal tosend über Felsen fließt und zur Stromgewinnung genutzt wird. Der Staudamm Hunderfossen ist 260 m lang. Das Kraftwerk liegt 15 m unterhalb des Damms. Früher zogen die Könige von Oslo nach Trondheim durch das Gudbrandsdalen, um sich im Nidarosdom zu Trondheim krönen oder trauen zu lassen.

185   ↳ Lillehammer sentrum nord 🚐 ⛺ 🅿

195   **Hunderfossen-Staudamm**. Auf der linken Uferseite ist bereits der 🚐 ⛺ Hunderfossen Campingplatz zu sehen.

197   ↳ Øyer Syd links zum **Hunderfossen Familienpark** 🚐 ⛺ 🅿
Der Familienpark bietet über 50 Aktivitäten an und gewährt einen Einblick in die norwegische Volkskultur. Hunderfossen Familienpark, 2625 Fåberg, ☎ 61 27 55 30, FAX 61 27 55 55, ✉ troll@hunderfossen.no, 🖥 www.hunderfossen.no, 🕘 Mai bis August 10:00 bis 19:00, Kinder/Erwachsene größer als 120 cm NOK 370, Kinder 90-120 cm NOK 305 (18.6. bis 7.8.)

Rechts ebenfalls 🅿 🍴 ✕ und Lilliputthammer, eine Miniaturstadt im Maßstab 1:4, die die Storgata zur Jahrhundertwende darstellt.

Hunderfossen Camping ***, 2638 Fåberg, ☏ 61 27 73 00, resepsjon@hunderfossen-camping.no, 🖥 www.hunderfossen-camping.no, ♦🏠📖⛵🏊🐾, GPS N61°14.278' E10°25.687'

Die olympische Bob- und Rodelbahn, Skandinaviens einzige Eisbahn, ist nach einem kurzen Spaziergang erreicht. Eine Besonderheit sind die Spezial-Radbobs, mit denen man die 16 Kurven der 1.710 m langen Bob- und Rodelbahn hinunterfahren kann. Der Radbob (autorisierter Fahrer plus vier Passagiere) erreicht dabei Geschwindigkeiten bis zu 100 km/h.

♦ Eine Fahrt kostet NOK 240, für Kinder zwischen 10 und 15 Jahren NOK 170. Für diejenigen, die nur zuschauen mögen, NOK 20, ☏ 61 05 42 00, FAX 61 05 42 01, post@olympiaparken.no, 🖥 www.olympiaparken.no

⌘ Außerdem können Sie im Straßenmuseum einiges über die Entwicklung des norwegischen Straßenbaus erfahren.

♦ in der Hauptsaison 10:00 bis 18:00, Eintritt frei

Überall in Norwegen finden Sie wundervolle Rastplätze

199 🚐 ⛺ Skriua Naturferie og Camping ★★★
♦ Hafjell Stasjon, Postboks 22, 2637 Øyer, ☎ 61 27 83 15, FAX 61 27 87 88,
📅 1.6. bis 1.9., ♦ 🚿 🚻 ⚡ ☕

201 🚐 ⛺ Oddencamping ★★ liegt zwischen E 6 und Lågen.
♦ 2636 Øyer, ☎ 61 27 83 26, GPS N61°16.55678' E10°23.50867'

203 🚐 ⛺ Rustberg Hytteutleie og Camping ★★★★,
♦ 2636 Øyer, ☎ 61 27 77 30, ✉ rustberg@online.no, 🖥 www.rustberg.no, spezieller Familien-Campingplatz, auf dem Kinder viele Aktivitäten unternehmen können.
♦ 🚿 🚻 ⚡ 🏊 ☕, GPS N61°16.551' E10°23.584'

Das Tal wird im folgenden Abschnitt schmaler, der Lågen fließt mit höherer Geschwindigkeit über die Felsen. Die Berge rechts und links erreichen größere Höhen, ragen allerdings nicht über die Baumgrenze hinaus. Die Straße dagegen führt über flaches Gelände.

211 links ⛽, 🚐 ⛺ Bådstø Gjestegiveri og Camping ★★ (Tretten Kro-Motell Camping)
♦ Kongsveien 48, 2635 Tretten, ☎ 61 27 63 21, FAX 61 27 68 02,
✉ baadstoe@online.no, 🖥 www.baadstoe.no (🖥 www.trettenkro.no), ♦ 🚿 🚻 ⚡
🏊 ☕, GPS N61°19.316' E10°17.387'

Tretten, 🍴 ✓ ✚ ✗ BANK ⛲

🚤 Von Tretten starten Bootstouren mit der M/S Dale-Gudbrand. Die Fahrten findet auf dem See **Losna** statt, der gleich nördlich von Tretten beginnt. 500 m weiter geht es zu einem weiteren 🚐 ⛺.

217 🚐 ⛺ Mageli Camping ★★★
♦ Kongsvegen 2220, 2635 Tretten, ☎ 61 27 63 22, FAX 61 27 63 50,
✉ info@magelicamping.no, 🖥 www.magelicamping.no, ♦ 🚿 🚻 ⚡ 🏊 ☕.
➲ am Losna-See, abgetrennt von der E 6 durch einen Erdwall, GPS N61°22.031' E10°17.085'.

219 🚐 ⛺ Krekke Camping ★★★
♦ 2634 Fåvang, ☎ 61 28 45 71, FAX 61 28 46 71, 📅 1.5. bis 1.10., ♦ 🚿 🚻 ⚡ 🏊
☕, GPS N61°23.110' E10°15.600'

223 🚐 ⚠ Kvitfjelltunet Camping ✱✱✱
◆ 2634 Fåvang, ☎ 61 28 22 80, FAX 61 28 24 80, 💧🚿🏠⚡🏊 ⚓

✝ In **Fåvang** ist eine Stabkirche sehenswert.

Bei Fåvang endet der Losna-See und die E 6 führt wieder am Lågen entlang.

229 ✗ zur Kvitfjell Alpin-Skianlage, wo während der olympischen Winterspiele 1994 einige Entscheidungen ausgetragen wurden. 🚻 ⌘

236 🚐 ⚠ Elstad Camping ✱✱✱
◆ 2630 Ringebu, ☎ 61 28 00 71, ✉ post@elstadcamping.no,
💻 www.elstadcamping.no, 💧🚿🏠⚡🏊 ⚓.
➲ direkt an der E 6, GPS 61°30.104' E10°10.156'

239 ↪ rechts zur Stavkirke ✝ von **Ringebu**. Der Weg führt 1 km den Berg hoch. Dort befindet sich eine prächtige Stabkirche mit rot gestrichenem Kirchturm. Sie wurde um 1200 errichtet, im 16. Jh. erweitert und 1981 restauriert, Eintritt NOK 30. Rings um die Kirche befindet sich der Friedhof auf abfallendem Gelände.

Stabkirche von Ringebu

🏞 Von hier oben eröffnet sich dem Betrachter ein weiter Blick ins **Gudbrandsdalen**.

240 Ringebu 🍴 ⛽ ✓ ✗ ➕ ☎ 🏦
An der Statoil-Tankstelle geht es rechts zum 🚐 △ Måsaplassen Camping.

246 Frya mit 🚐 △ Frya Camping

253 Hundorp ⛽ 🍴 🏦 ☎

🚐△ Enden Camping, Endenstrekka 63, 2647 Sør-Fron, ☎ 91 76 64 03,
✉ post@endencamping.no, 🖥 www.endencamping.no,
GPS N61°33.096' E10°3.047'

✝ Besonders auffällig ist die Sør-Fron-Kirche, auch der „Dom vom Gudbrandsdal" genannt, ein imposanter achteckiger Steinbau aus dem Ende des 18. Jh. Auf dem Hof von Dale Gudbrand, nach dem das Tal benannt wurde, finden Sie Grabhügel.

Hinter Hundorp entfernt sich die E 6 etwas vom Lågen, dadurch wird die Straße welliger. Immer noch beherrschen Ackerbau und Viehzucht das Landschaftsbild.

Der Lågen wird schmaler, und die Straße windet sich jetzt mehr durch das Tal, da die Berge dichter an den Fluss heranrücken.

257 Harpefoss 🍴
🚐 △ Heggerud Camping, oberhalb des Tals gelegen.

Hinter Harpefoss steigt die Straße an und verläuft oberhalb des Flusses.

264 Vinstra ⛽ 🍴 ➕ 🏦 ☎

🚐△ Furuheim Camping ***, Kyrkjevegen 10A, 2640 Vinstra, ☎ 61 29 09 81,
📅 1.6. bis 1.9., 🚿♨ ⚓. ➲ an der Straße 255 etwa 500 m vom Zentrum,
GPS N61° 35.905' E9°44.230'

♦ Sulsteter Fjellstugu, an der Hydro Texaco-Tankstelle rechts.
♦ Bøygen Camping, 2640 Vinstra, ☎ 61 29 01 37, FAX 61 29 51 33,
✉ boygen@online.no, 🖥 www.boygen.no, ♦🚿🏕⚓. ➲ am Ortsende oberhalb der E 6 gelegen, GPS N61° 36.502' E9°44.177'

272 Kvam 🍴 🚐 ⛺ 🛒 🏦 ⛽

Holzfabriken dominieren das Ortsbild von Kvam. Ein Denkmal im Ort erinnert an 54 im Zweiten Weltkrieg gefallene britische Soldaten. Im Ort und in der näheren Umgebung gibt es vier Campingplätze.

🚐 ⛺ Kirketeigen Ungdomssenter og Camping ***, Bygdahusvegen 11, 2642 Kvam,
☎ 61 21 60 90, FAX 61 21 60 91, ✉ post@kirketeigen.no, 💻 www.kirketeigen.no,
📅 15.5. bis 1.9., sonst auf Bestellung, 💧🚿⚡🔌, GPS N61° 39.997' E9°41.627'17

Wenn Sie von der E 6 in Richtung Norden blicken, sehen Sie Berge, deren Gipfel 1.600 m erreichen. Stellenweise sind auch Ende Juli noch kleinere Schneefelder zu sehen.

281 Sjoa

286
Rafting-Center mit 🚐 ⛺ Sjoa Vandrerhjem,
♦ 2670 Otta, ☎ 61 23 62 00, ✉ sjoa@hihostels.no, 💻 www.hihostels.no

289 🚐 ⛺ Vangen Camping ***
♦ Gudbrandsdalsvegen 687, 2670 Otta, ☎ 41 17 95 25,
✉ vangencamping@hotmail.com, 📅 1.6. bis 10.9., 💧🚿⚡🏊🔌,
GPS N61°43.692' E9°32.712'

♦ Sæta Camping ***, 2670 Otta, ☎ 61 23 51 47, FAX 61 23 51 44,
✉ bjsaeta@online.no, 💻 www.saeta.no, 📅 15.5. bis 15.9., 💧🚿⚡🔌,
GPS N61°43.829' E9°33.084'

❀ Rondane-Nationalpark

Östlich von Otta führt eine kleine Straße zum **Rondane Nasjonalpark**. Der 580 km² große Park wurde bereits 1962 als erster Nationalpark Norwegens eingerichtet. Kennzeichnend ist eine Gebirgslandschaft mit 10 Gipfeln über 2.000 m. Die tiefen Täler und engen Schluchten im zentralen Fjellgebiet sind in der letzten Eiszeit entstanden. Die Rentiere des Rondane-Nationalparks gehören eigentlich zum Bestand des **Dovrefjell-Nationalparks**, doch der Straßen- und Schienenbau hat ihre Zugwege abgeschnitten.

Der Rondane Nationalpark eignet sich vorzüglich für Wanderungen. Berghütten stehen für Übernachtungen zur Verfügung.

📖 Norwegen: Rondane, Tonia Körner, OutdoorHandbuch Band 252, Der Weg ist das Ziel, Conrad Stein Verlag, ISBN 978-3-86686-252-4, € 14,90

293 Otta 🍴 ✓ ✚ 🏦 ❀

ℹ️ Otta ist das Zentrum im Nord-Gudbrandsdal und Verkehrsknotenpunkt, ☎ 61 23 02 44

🚐△ Otta Camping og Motell, Veggumsvegen 103, 2670 Otta, ☎ 61 23 03 09, FAX 61 23 38 19, ✉ post@ottacamping.no, 🖥 www.ottacamping.no, 📅 1.5. bis 15.10., sonst auf Voranmeldung, 🏠 🍴 📶. ➲ 1,5 km westlich vom Zentrum, Stellplätze direkt am Südufer des Otta, GPS N61°46.334' E9°30.392'.

♦ Otta Turistsenter ***, Ulvolden, 2670 Otta, ☎ 61 23 03 23, FAX 61 23 03 25, ✉ info@ulvolden.no, 🖥 www.ulvolden.no

✘ Die Straße Nr. 15 verläuft durch das **Ottadalen** nach **Lom**, von wo es auf der Rv 55 über die höchste Passstraße Norwegens ins **Sognefjell** geht. Von dort erreichen Sie dann den **Sognefjord**, den längsten Fjord der Welt (☞ Extratouren, Nr. 1). Wenn Sie zu den Gletschern des **Jostedalsbreen** fahren wollen, können Sie ebenfalls die 15 benutzen.

Gletscherzunge des Jostedalsbreen

Südwestlich von Otta erhebt sich der 852 m hohe **Prillargurikampen**, der eine schöne Aussicht sowohl ins Ottadalen als auch ins Gudbrandsdalen bietet. Der Berg wurde nach dem Mädchen benannt, das der Sage nach 1612 das schottische Heer unter Sinclair nahen sah und die Menschen warnte. Das norwegische Bauernheer konnte sich dank ihr noch rechtzeitig bewaffnen und die Angreifer besiegen.

306 ↳ nach **Nord-Sel**, 🚐 ⛺ Sandbakken Camping
314 ⛽♦✕, gleich dahinter 🚐 ⛺ Akerjordet Camping. 🛒 ✡

Ab Nord-Sel liegt rechts der Straße das **Dovrefjell**, durch das die E 6 erst im späteren Verlauf führt. Hier sind zunehmend Schneefelder auf den Bergen rechts und links des Gudbrandsdalen zu sehen.

317 Dovreskogen
🚐⛺ Brusletten Camping, ☎ 61 24 07 19

🚐 ⛺ Vollheim Camping, 2663 Dovreskogen, ☎ 61 24 07 88, FAX 61 24 08 67,
✉ vollheim@ventelo.net, 🖥 www.vollheim.no, 📅 1.5. bis 1.10.

◆ Dovreskogen Camping, 2663 Dovreskogen, ☎ 61 24 08 43,
✉ info@dovreskogencamping.no, 📅 15.5. bis 20.9., ↪ 20 km südlich von Dombås, GPS N61°55.740' E9°19.333'

🛏 Dovreskogen Gjestegard, ☎ 61 24 08 00, ⛽ ◆

327 Dovre 🍴 🏦 ☕ ✕

In der Umgebung von Dovre gibt es einige Schieferabbaugebiete. In Dovre (an der Kirche) beginnt der **Pilegrimsleden**, ein gut beschilderter Wanderweg durch das Dovrefjell bis nach **Hjerkinn**.

2 km nördlich 🚐 ⛺ Toftemo Camping,
◆ ☎ 61 24 00 45, ✉ post@toftemo.no, 🖥 www.toftemo.no,
GPS N62°0.012' E9°13.273'

331 🚐 ⛺ Björkhoel Camping ***
◆ 2660 Dombås, ☎ 61 24 13 31, ✉ bjorkhol@dovrenett.no, 🖥 www.bjorkhol.no,
📅 1.5. bis 30.9., ◆🚿⚡🖥⚓, GPS N62° 1.795' E9°10.552'

336 Die E 6 steigt jetzt mehr und mehr an. 🚐 ⛺ Lie Camping

337 **Dombås** ⇧ 650 m, 🍴 ✕ ☕ 🛏 ⛽ 🏛

ℹ Dombås Turistkontor, Dombås sentrum, Frichgården, ☎ 61 24 14 44,
FAX 61 24 11 90, ✉ info@dovrenett.no, 🖥 www.dovrenett.no.
Erkundigen Sie sich hier nach Moschusochsensafaris! Diese und andere Erlebnistouren bietet Dovrefjell Aktivitetsenter, ☎ 61 24 15 55, FAX 61 24 15 70.

🏛 In der zweiten Etage des Gebäudes finden Sie die Trollstua, ein riesiges Souvenirgeschäft mit allen nur erdenklichen Souvenirs aus Norwegen, ☎ 61 24 12 90.

✳ Dazu gehört der Park Dovregubben, dem der König der Trolle, der Dovregubben, seinen Namen gegeben hat. Außerdem gibt es dort Informationen über Fauna und Flora der norwegischen Gebirge. In einem ungewöhnlichen Kinosaal können Sie die vier Jahreszeiten auf dem Dovrefjell erleben. ☎ und FAX 61 24 13 33.

🛏 Dombås Hotell, Dombaasgrendi 1, 2660 Dombås, ☎ 62 24 10 01,
FAX 61 24 14 61, ✉ booking@dombas-hotel.no, 🖥 www.rica.no/dombas

🚐 ⛺ 600 m vom Zentrum Midtskog Hytter og Caravan, Romsdalsvegen 2,
☎ 61 24 10 21

Dombås ist sehr belebt. Jeder Reisebus, der auf der E 6 gen Norden fährt, macht hier halt. Der große Parkplatz vor den Restaurants und Souvenirgeschäften ist in den Sommermonaten überfüllt.

Auf dem Kreisel hinter der Touristenanlage geht es rechts auf die E 6. Geradeaus führt die E 136 Richtung Ålesund durch das Gudbrandsdalen (☞ Extratouren Nr. 4). 2 km hinter dem Kreisel folgt an der E 136 🚐 △ Dombås Motel og Camping **, 3 km weiter 🚐 △ Rosstad Camping.

Hinter dem Zentrum von Dombås windet sich die E 6 weiter aufwärts bis auf das **Dovreplatået**, eine 800 m hoch gelegene Ebene. Dort wachsen keine Bäume mehr, nur noch Sträucher, Gräser und Moose überstehen das raue Klima.

339 ↳ kurz hinter Dombås nach **Trolltun** mit 🏨 🚐 △.
344 🚐 △ Hjellesæter Camping
349 **Fokstua**, eine Fjellhütte mit ✗.

Die Hütte liegt am Rand des **Fokstumyra Naturreservats** (984 m). Das Reservat ist ein wichtiges Nistgebiet für eine Reihe von Vogelarten, darunter zahlreiche seltene Arten. Bei der letzten Zählung wurden 140 erfasst, 60 davon Nistvögel. 1923 wurde das Hochmoor **Fokstumyra** als erstes größeres Gebiet unter Schutz gestellt. Informationen über das Verhalten im Park bekommen Sie im Touristenbüro in Dombås.

355 🚐 △ Furuhaugli Turisthytter***
♦ Am Südende des **Vålåsjøen-Sees** nördlich vom **Fokstumyra Naturreservat** 800 m von der E 6 entfernt gelegen. 2660 Dombås, ☏ 61 24 00 00, FAX 61 24 29 16, ✉ post@furuhaugli.no, 🖥 www.furuhaugli.no, GPS N62° 9.206' E9°22.217', ♦ 🏠

360 **Dovregubbens hall** ✗ 🛏
☏ 61 24 29 17

Nebenan in der Galerie Dovregubben wird das Werk der Kunsthandwerkerin Rakel Onsum Berg geehrt, die mit ihren gewebten Bildern in Norwegen sehr bekannt ist.

Gleich daneben steht die **Anfinsbrua** (Brücke). Sie stammt aus dem Jahr 1826 und steht unter Denkmalschutz. Der Strafgefangene Anfin soll sie ganz alleine gebaut haben. Nach der Fertigstellung erlangte er seine Freiheit zurück.

366 🚐 ⛺ Hageseter Camping ★★★
♦ Hjerkinn, 2660 Dombås, ☎ 61 24 29 60, [FAX] 61 24 29 45, ✉ post@hageseter.no, 🖥 www.hageseter.no, ♦ 🚻 🎣 🍴 🍻 ⚓, GPS N62°11.747' E9°32.845'

Der Platz auf 915 m Höhe ist sehr zentral zwischen den Dovrefjell- und Rondane-Nationalparks sowie dem Fokstumyra Naturreservat gelegen. Von hier lassen sich hervorragend Wanderungen auf dem alten Kongeveien- und Pilegrimsleden-Wanderweg unternehmen.

369 Hjerkinn 🛏 🚐 ⛺
🚐⛺ Hjerkinn Fjellstue & Fjellriding ★★★, 2661 Hjerkinn, ☎ 61 21 51 00, ✉ fjellstua@hjerkinn.no, 🖥 www.hjerkinn.no, ♦ 🚻 🍴 🎣 🍻. ➔ kurz hinter der Kreuzung E 6/Rv 29, GPS N62°13.289' E9°34.681'

⌘ **Eysteinkyrkja**. Die Kirche wurde nach König Eystein Magnusson benannt, auf dessen Initiative man die Herberge auf dem Dovrefjell baute.

Hjerkinn ist der trockenste Ort Norwegens, die Niederschlagsmenge beträgt nur 217 mm im Jahr. Hier ist ein Ausgangspunkt für die Wanderung auf dem Pilegrimsleden nach Dovre.

🐎 In Hjerkinn können Reitfreaks wunderbare Mehrtages-Ausritte unternehmen. Anbieter ist Hjerkinn Fjellridning, ☎ 61 21 51 00.

Links an der Kreuzung geht es in den ✿ Dovrefjell-Nationalpark. Der linke Weg nach der Kreuzung führt zur Hjerkinn-Jugendherberge.
♦ Hjerkinnhus Hotell / Hjerkinn Vandrerhjem, 2661 Hjerkinn, ☎ 46 42 01 02, ✉ post@hjerkinnhus.no, 🖥 www.hjerkinnhus.no

Der rechte Weg (Snøheimvegen) führt an Militärgebäuden vorbei, wo Sie weiter geradeaus den Berg hinauf zum Parkplatz fahren. Von dort führt ein Weg hinauf auf den Berg Tverrfjellet, wo der 2011 eröffnete Viewpoint Snøhetta, ein Aussichtspavillon erreicht ist (20 Min. vom Parkplatz).

Auf dem Weg (1,5 km) zu diesem wunderschönen Pavillon, der seit seiner Eröffnung viele Architekturpreise eingeheimst hat, erfahren Sie auf Infotafeln einiges über die Region.

Weg zum Info-Center im Dovrefjell-Nationalpark

❀ Dovrefjell-Nationalpark

Der Park hat eine Fläche von 256 km². Die größte Attraktion des Parks sind die letzten noch frei lebenden Moschusochsen (*Moskus*). Da sie in Norwegen ausgestorben waren, hatte man 1931 zehn Tiere von Grönland nach Hjerkinn übersiedelt. Während des Zweiten Weltkrieges wurden sie allerdings geschlachtet. Zwischen 1947 und 1953 versuchte man ein weiteres Mal, Moschusochsen in Norwegen anzusiedeln. 23 Kälber aus Grönland wurden ins Dovrefjell gebracht. Diesmal hatten die Verantwortlichen Erfolg. Aus den Kälbern entwickelte sich der heutige Bestand von 80 Tieren.

Mit etwas Glück und Geduld ist es gut möglich, Moschusochsen zu sehen. Wenn Sie diese zottigen Tiere zu Gesicht bekommen, gehen Sie aber bitte nicht zu dicht heran! Ein Moschusochse ist sehr aggressiv, besonders wenn Jungtiere in der Gruppe sind. Mit einer Höchstgeschwindigkeit von 60 km/h sind die Ochsen im Zweifelsfall schneller als der neugierige Beobachter.

Der Dovrefjell Nationalpark ist eines der letzten nahezu intakten Gebirgsökosysteme Europas, in dem neben Moschusochsen und Wild-Rentieren (Villrein) auch Vielfraße und Polarfüchse leben. Der Park ist auch für die Vielfalt seiner Flora bekannt: Im Dovrefjellgebiet gibt es seltene Pflanzenarten, die nur dort vorkommen. Das Ökosystem ist extrem empfindlich. Durch das kalte und trockene Klima in den Höhenlagen benötigt die Natur sehr viel Zeit, um sich von Schäden zu erholen. Auch weggeworfener Müll braucht sehr lange, um zu verrotten.

Der höchste Berg innerhalb des Parkgeländes ist der 2.286 m hohe **Snøhetta**. Er ist der höchste Berg außerhalb des **Jotunheimen**. Den Gipfel des Snøhetta erreichte als erster Jens Esmark im Jahre 1798.

Busse fahren zur **Snøheim-Fjellstuga**, die auf einer Höhe von 1.474 m unterhalb des Snøhetta-Gipfels liegt. Auf 17 km geht es über Schotterpiste durch Moschusochsengebiet. Der Ausblick auf den schneebedeckten Berg, der natürlich auch von der E 6 aus möglich ist, ist beeindruckend. Sie können von der Stuga die ganze karge Hochebene überblicken, auf der es keinen Baum- und Strauchwuchs mehr gibt. Moschusochsen-Safaris können in der Touristeninfo in Dambås oder auch in der Hjerkinn Jugendherberge gebucht werden.

Busse fahren in Sommer mehrmals täglich vom Hjerkinnhus zum Snøheim Berghütte) am Fusse des 2.286 m hohen Snøhetta.

Durch den Dovrefjell-Nationalpark verlaufen die ältesten Straßen bzw. Wegeverbindungen zwischen Ostnorwegen und **Trøndelag**, wie der **Gamtstigen** oder der **Våstigen**, der ehemalige Königsweg, der bereits im 12. Jh. benutzt wurde. Heute dienen diese Wege als Wanderwege.

372 Kurz hinter der Kreuzung nach Hjerkinn erreicht die E 6 mit 1.026 m ihren höchsten Punkt überhaupt.

Die Straße bleibt allerdings nicht sehr lange auf dieser Höhe. Durch das **Drivadalen** entlang des lachsreichen Flusses **Driva** geht es wieder in die Niederungen hinab. Die Stromschnellen der Driva sind zum Teil spektakulär.

380 Kongsvold Fjellstue 🛏 ✕
Die im 12. Jh. erbaute Hütte wurde immer wieder restauriert. Eine Ausstellung informiert über den Park. Ein Zwischenstopp zur Besichtigung lohnt sich. 💻 www.kongsvold.no.

384 Ab hier geht es ins **Drivadalen**. Das enge Tal, durch das stellenweise nur die Straße und der Fluss führen, bietet mit seinen steilen Felswänden ein echtes Fahrerlebnis. Die Eisenbahnschiene verläuft oberhalb der Straße, da für die Bahn die Abfahrt zu steil ist.

397 Drivstua Fjellstue

Sami-Souvenirs

390 🅿 mit Lappcamp „Sami Souvenirs" 🏪

Das Drivadalen öffnet sich wieder und der Blick kann nun in die Ferne schweifen.

406 🚐 ⛺ Magalaupe Camping **
♦ Rute 5, 7340 Oppdal, ☎ 72 42 46 84, ✉ camp@magalaupe.no,
🖥 www.magalaupe.no, ♦ 🚻 🍴 🚿 🏊 🐟, GPS N62°29.49' E9°35.07'

409 🚐 ⛺ Smegården Camping ***
♦ Driva, 7340 Oppdal, ☎ 72 42 41 59, 91 67 47 50, ✉ smegarden@oppdal.com,
🖥 www.smegarden.no, ♦ 🚻 🍴 🚿 🐟, Moschusochsen-Safaris und Rafting,
GPS N62°32.070' E9°37.500'

411 🚐 ⛺ Granmo Camping **
♦ Rute 4, 7340 Oppdal, ☎ 99 64 29 47, ✉ grancamp@online.no,
🖥 www.granmocamping.no, 📅 1.6. bis 1.9., 🚻 🍴 🚿 🐟,
GPS N62°32.879' E9°37.703'

416 Oppdal 🅿 🍴 ✓ ✚ 🏦 ☎ ✕ 🏨 ⚓

Oppdal ist Zentrum eines Wintersportgebietes. Zahlreiche Sportgeschäfte und Hotels bieten entlang der Hauptstraße ihre Dienste an. Der höchste Berg der Region ist der 1.605 m Blåøret.

ℹ ☎ 72 40 08 00, ✉ post@oppdal.com, 💻 www.oppdal.com

419 🚐 ⛺ Soli/Havntun Camping
♦ Imi Stølen Camping ***, 7340 Oppdal, ☎ 72 42 13 70, ✉ post@imi-stolen.no, 💻 www.imi-stolen.no, 🚿 🚻 🔌 ⛴ ♨

420 🚐 ⛺ Halsetløkka Oppdal Camping ****
♦ 7340 Oppdal, ☎ 72 42 13 61, FAX 72 42 25 67, ✉ halsetlokka@c2i.net, 📅 1.6. bis 1.9., ● 🚿 🚻 🔌 ⛴ ♨

🛏 Quality Hotel Oppdal, Olaf Skasliensvei 8, 7340 Oppdal, ☎ 72 40 07 00, FAX 72 40 07 01, ✉ q.oppdal@choice.no, 💻 www.nordicchoicehotels.com

Das Tal wird hinter Oppdal breiter; die höchsten Berge reichen „nur" bis auf etwas über 1.300 m. Der Fluss, an dem die E 6 entlangführt, ist die **Byrna**.

430 Fagerhaug 🍴
449 🚐 ⛺ Berkåk Camping
452 Berkåk 🍴 🅿 ✕ ✓ ✚ 🏦 ☎

ℹ ☎ 72 42 77 05

Hinter dem Ort geht es sanft bergab durch ein schmales Tal. Der Fluss, der es durchzieht, ist der **Ila**. An den Berghängen wachsen Birken.

459 🚐 ⛺ Halland Camping ***
♦ Berkåk, 7391 Rennebu, ☎ 90 53 91 21, ✉ post@hallandcamping.no, 💻 www.hallandcamping.no, GPS N62°51,968' E10°4,431', 📅 1.5. bis 1.10., ● 🚿 🔌 ⛴ ♨

466 🚐 ⛺ Gullvåg Camping
♦ Gullvåg, 7288 Soknedal, ☎ 72 43 49 36, FAX 72 43 49 60, ✉ post@gullvagcamping.no, 💻 www.gullvagcamping.no, 📅 1.5. bis 15.9., GPS N62°55.05' E10°8.567'

Hinter dem Campingplatz windet sich die Straße durch ein schmales Tal bergab. Der Fluss direkt neben der Straße ist ebenfalls sehr schmal.

469 Wasserfall
472 Soknedal ⛽ 🛒 ✕ ☕

Hinter Soknedal ist der Ila sehr fischreich, und die Norweger gehen hier ihrer Leidenschaft, dem Angeln, nach. Das schmale Tal zieht sich bis km 483. Danach wird es wieder breiter, und der Fluss windet sich nicht mehr so stark. Auf dem folgenden Schnellstraßen-Abschnitt kommen zwei Tunnel (210 m und 290 m).

485 Støren ⛽ 🛒 ✕ 🚐 ⛺ ✚ 🏦 📯
Lachscenter und eine schöne rote achteckige Kirche von 1817.
490 Ende der Ausbaustrecke.

Das Tal wird wieder enger, die Berge stehen dichter an der Straße und ragen steil, jedoch nicht sehr hoch empor.

502 ⛽ 🚐 ⛺ Lundamo Camping
♦ Løkken Østre, 7232 Lundamo, ☎ 97 60 87 35, ✉ gunnar@lundamocamping.no, 💻 www.lundamocamping.no, 📅 1.5. bis 15.9., 🚿 🔥 ⚡ 🐕

522 Kreisel, in dem es rechts nach Trondheim geht. 22 km geradeaus auf der Straße 707 Richtung **Flakk** bis zu 🚐 ⛺ direkt am **Trondheimsfjorden** (☞ Campingplätze um Trondheim). Von dort sind es 10 km bis ins Zentrum Trondheims. Bis zum Kreisel mehrere ⛽ 🛒 🚐 ⛺.
525 🚐 ⛺ Sandmoen Camping (☞ Campingplätze um Trondheim)

Trondheim

♦ km 538, 178.000 Einwohner
ℹ️ Trondheim Aktivum, Munkegata 19, 7411 Trondheim, ☎ 73 80 76 60, FAX 73 80 76 70, 💻 www.trondheim.no, ✉ touristinfo@visittrondheim.no, direkt am Marktplatz, dem Torvet
🛏 Clarion Collection Hotel Bakeriet, Brattørgata 2, 7010 Trondheim, ☎ 73 99 10 00, FAX 73 99 10 01, ✉ cc.bakeriet@choice.no

- 🛏 Rica Nidelven Hotel, Havnegt. 1-3, 7400 Trondheim, ☎ 73 56 80 00, 📧 rica.nidelven.hotel@rica.no, 🖥 www.rica.no
- ♦ Quality Hotel Augustin, Kongensgt. 26, 7011 Trondheim, ☎ 73 54 70 00, FAX 73 54 70 01, 📧 q.augustin@choice.no, 🖥 www.nordicchoicehotels.no
- ♦ Britannia Hotel, Dronningensgt. 5, 7011 Trondheim, ☎ 73 80 08 00, FAX 73 80 08 01, 📧 britannia@britannia.no, 🖥 www.britannia.no.
- ♦ Pensjonat Jarlen, Kongens gt. 40, ☎ 73 51 32 18, 📧 booking@jarlen.no, 🖥 www.jarlen.no
- 🏠 Trondheim Vandrerhjem Rosenborg, Weidemannsv. 41, ☎ 73 87 44 50, 📧 booking@trondheimvandrerhjem.no, 🖥 www.trondheimvandrerhjem.no
- 🚐△ In Trondheim gibt es keinen Campingplatz (☞ Campingplätze um Trondheim), allerdings gibt es einen freien Parkplatz für Camper in Øya, neben dem Trondheim Spectrum in der Klostergata 90.
- ⌘ Trondheim hat zahlreiche Museen zu bieten, so z.B. das Kunstmuseum in der Bispegt 7 mit einer Sammlung norwegischer Kunst vom 19. Jh. bis zur Gegenwart. Das *Vitenskapsmuseet* (Wissenschaftsmuseum) der Uni Trondheim ist ein kultur- und naturhistorisches Museum mit einer archäologischen Ausstellung aus der Stein-, Bronze-, und Eisenzeit sowie Ausstellungen zur Wikinger- und der südsamischen Kultur.

Im Nedre Elvehavn ist ein neues Einkaufszentrum entstanden, das von neuen Wohngebäuden direkt am Wasser umgeben ist. Über die Verftsbrua (Fußgängerbrücke) gelangen Sie in diese autofreie Zone. Auf den großen Terrassen der Restaurants lässt es sich sehr schön sitzen.

Die E 6 teilt sich in Trondheim in eine östliche Zentrumsumgehung und eine Direktverbindung ins Zentrum. Im Zentrum angelangt, müssen Sie mühsam einen Parkplatz suchen. Ich habe einen guten Abstellplatz im Ortsteil **Ila** gefunden, direkt am Gästehafen. Als Orientierung dient Ihnen die Ilenkirche. Von dort kommen Sie zum Hafen mit Aussicht auf den Trondheimsfjorden und die Mönchsinsel **Munkholmen**. Der **Trondheimsfjorden** ist mit einer Länge von 126 km der drittlängste Fjord Norwegens. Seine maximale Tiefe liegt bei 578 m.

Trondheim ist über 1.000 Jahre alt und nach Oslo und Bergen die drittgrößte Stadt Norwegens. Im Jahr 997 hat sie König Olav Tryggvason am gleichnamigen Fjord gegründet. Bis zum 13. Jh. trug sie den Namen **Nidaros**. Der Dom,

der auch heute noch Nidaros-Dom heißt, wurde früher Christuskirche genannt. Trondheim war Residenzstadt des Königs und ist seit 1152 Sitz des Erzbischofs.

In Trondheim finden Sie die typisch skandinavischen Holzhäuser, die hier aber nicht im schwedischen Falun-Rot gestrichen sind. Die Farbpalette der Häuser in Trondheim reicht von zartrosa bis dunkelblau.

Stadtbesichtigung

Am besten erkunden Sie die Stadt mit dem Fahrrad. 125 Fahrräder stehen an öffentlichen Stellen vom 1 Mai bis Oktober zur Verfügung. Mit elektronischen Karten, die Sie in der Touristeninformation kaufen können, sind die Bikes zu entriegeln und einer Erkundung der Stadt auf zwei Rädern steht nichts mehr im Wege. Die nächste Bike-Station am Gästehafen befindet sich in der Sandgata/ Ecke Kongensgate etwa 200 m entfernt.

Für die meisten Besucher führt der erste Weg zum *Nidarosdomen,* den Sie ja bereits bei der Fahrt in die Stadt von der Elgeseterbru aus sehen konnten. Fahren Sie auf dem Weg ins Zentrum durch die enge, von buntgestrichenen Holzhäusern gesäumte *Dronningensgate.* Wenn Sie die *Munkegata* erreicht haben, sehen Sie

Blick über Trondheim

rechts den Dom. Er ist Norwegens Nationalheiligtum. Im Jahr 1070 wurde mit seinem Bau über dem Grab des heiligen Olav begonnen. Der älteste Teil im romanischen Stil stammt aus dem 12. Jh. und befindet sich um das Querschiff herum. Die jüngeren Teile sind gotisch. Der Dom wurde durch mehrere Feuer zerstört, jedoch immer wieder aufgebaut. Die Westfront mit dem Haupteingang ist überfüllt mit Heiligenstatuen. Die Mittelachse zeigt den gekreuzigten Christus.

✝ 📖 Hochsaison Mo bis Fr 9:00 bis 19:00, Sa 9:00 bis 14:00, So 9:00 bis 17:00. Um 11:00, 14:00 und 16:00 finden Führungen in verschiedensten Sprachen statt. Mo bis Sa um 13:00 erklingen die Orgeln. Besichtigung NOK 70, Kinder NOK 30.

Am Dom finden Sie den *Erkebispegården*, den Erzbischofssitz, ein Steingebäude aus dem Mittelalter. Es ist Skandinaviens ältestes weltliches Gebäude. Mit dem Bau wurde in der 2. Hälfte des 12. Jh. begonnen. Bis zur Reformation im Jahre 1537 war es die Residenz des Erzbischofs. Danach diente das Gebäude als Residenz der dänischen Landesherren und etwa im 17. Jh. wurde es dem Militär überlassen. Der Gebäudekomplex beherbergt mehrere Museen.

⌘ In der *Rustkammeret/Hjemmefrontmuseet* (Rüstkammer/Museum der Widerstandsbewegung) wird die Entwicklung der Streitkräfte von der Wikingerzeit bis heute gezeigt. Das Museum der Widerstandskämpfer zeigt die Geschehnisse des Zweiten Weltkrieges in Mittelnorwegen auf, Kongsgården, ☎ 73 99 52 80.

Zwischen Dom und *Ravnkloa Fiskemarket* (Fischmarkt) mit der alten *Ravnkloa* liegt an der Munkegata ein prächtiges bürgerliches Gebäude, der *Stiftsgården*. Es ist der zweitgrößte Holzbau Skandinaviens, erbaut 1778, und dient heute als königliche Residenz. Vom Nidarosdom auf der **Bispegata** gen Osten kommen Sie zur *Gamle Bybro*, der alten Stadtbrücke. Die erste Brücke an dieser Stelle wurde um 1681 erbaut in Verbindung mit der *Kristianstens Festning*, die nach dem großen Brand von 1681 auf einem Berggipfel errichtet wurde. 1718 verteidigten die Norweger von hier oben die Stadt gegen die Schweden. Eine Gedenktafel erinnert an norwegische Soldaten, die von der deutschen Besatzungsmacht zwischen 1940-45 hingerichtet wurden. Die Aussicht auf die Stadt und den Trondheimsfjorden lohnt sich.

- 1.6. bis 31.8. von 11:00 bis 16:00

Von der Stadtbrücke aus fällt der Blick auf die alten, auf Holzstelzen erbauten Speicherhäuser am Fluss **Nidelva**. Sie stammen aus dem 18. Jh. Weitere restaurierte Holzhäuser können Sie sehen, wenn Sie ein Stück die **Øvre Bakklandet** herauf und dann über die **Nygata** bis zur **Bakkebru** fahren. An der Bakkebru können Sie die Räder abstellen und zu Fuß durch die Fußgängerzone gehen.

Nicht versäumen sollten Sie den Besuch des *Fischmarktes* am Ende der Munkegata. Hier wartet Ihr Abendessen: Köstlicher, geräucherter oder roher Lachs, Reker, die leckeren Garnelen, und andere Delikatessen sind hier im Angebot. Aber auch das dunkelrote, nach Rindfleisch schmeckende Walfleisch wird angeboten.

Auf der Mönchsinsel **Munkholmen**, die Sie mit der Fähre erreichen (jede volle Stunde zwischen 10:00 und 18:00, Erwachsene NOK 55, Kinder NOK 30, www.munkholmen.no), ist ein um 1000 erbautes Benediktinerkloster zu besichtigen. 1658 wurde das Kloster in eine Festung und Gefängnis umgebaut. Später wurde eine Zollstation eingerichtet. Jetzt beherbergt es ein Restaurant mit Badeplatz für abgehärtete Zeitgenossen, die auch bei Wassertemperaturen von unter 20°C Spaß am Baden haben.

Für Musikfans ist das **Rockheim** interessant. In diesem Museum wird die Pop- und Rockmusik des Landes von 1950 bis heute (nicht nur) gezeigt. Auf fünf Etagen können sie Musik hören, sehen und selber machen (mit anderen oder alleine).

- ♦ Brattørkaia 14, 7010 Trondheim, Mo bis Fr 11:00 bis 19:00, Sa und So 11:00 bis 18:00, rockheim@rockheim.no, www.rockheim.no, Eintritt NOK 100/50

Campingplätze um Trondheim

522 am Kreisel bei **Klett** geradeaus auf der 707 zur Fähre nach **Rørvika**, am Hafen in **Flakk**

🚐△ Flakk Camping ***, 7070 Bosberg, ☎ 72 84 39 00, 🖥 www.flakk-camping.no,
✉ contact@flakk-camping.no, 📅 1.5. bis 1.9., ♦ 🚿 🍽 ▫ ≋ ⚓.
GPS N63°27.021' E10°11.984'

525 🚐 △ Sandmoen Bed & Breakfast (mit Campingplatz)
♦ Sandmoflata 4, 7072 Heimdal, ☎ 72 59 61 50, FAX 72 59 09 92,
✉ post@sandmoen.no, 🖥 www.sandmoen.no, ♦ 🚿 🍽 ▫ ⚓ ⛽

Entlang der alten E 6 befinden sich einige Campingplätze. Der Trondheim am nächsten gelegene ist der 13 km entfernte

🚐△ Vikhammer Camping ***, Vikhammerløkka 2, 7560 Vikhammer, ☎ 73 97 61 64,
✉ vikcampi@online.no, 🖥 www.vikhammer.no, ♦ 🚿 🍽 ▫ ≋ ⚓,
GPS N63°26.589' E10°38.148'

3 km weiter am Trondheimfjord:

🚐△ Storsand Gård Camping ***, 7563 Malvik, ☎ 73 97 63 60,
✉ post@storsandcamping.no, 🖥 www.storsandcamping.no, ♦ 🚿 🍽 ▫ ≋ ⚓,
GPS N63°25.889' E10°42.801'

544 Kreisel, an dem die geteilte E 6 wieder zusammengeführt wird.

Auf dem Autobahnabschnitt bis **Hell** (km 577, auch Ende der Autobahn) folgen zwei Mautstellen, an denen Sie NOK 25 bzw. NOK 10 bezahlen müssen, wenn Sie die drei Tunnel durchfahren wollen. Der längste Tunnel ist der Hell-Tunnel mit 3.910 m, 🖥 www.bomringen.no.

Die Abfahrten zu den oben erwähnten Campingplätzen an der alten E 6 sind auf der neuen E 6 ausgeschildert. Die neue E 6 steigt hinter Trondheim an, um bis Hell wieder auf Meereshöhe zu fallen.

Wenn Sie am Kreisel bei km 544 geradeaus fahren, gelangen Sie auf der alten E 6 über **Vikhammer** (km 13 mit 🚐 △) **Malvik**, **Storsand** (km 16 mit 🚐 △) und **Hommelvik** (km 22) bis nach **Hell** (31 km). Ab Hell geht es auf der E 6 ohne

Mautgebühr weiter. Am Bahnhof des Ortes ist eines der meistfotografiertesten Schilder Norwegens zu finden: „Hell stasjon" - Höllenstation.

Den store styrkeprøven - „Die große Kraftprobe"
Wer sein Fahrrad dabei hat, kann am Radrennen „Die große Kraftprobe" von Trondheim nach Oslo teilnehmen. Jährlich versuchen über 5.000 Teilnehmer die 542 km innerhalb von 42 Stunden nonstop zurückzulegen. Jeder, der die Strapazen übersteht, erhält ein Diplom. Der höchste Punkt der Strecke liegt bei 1.026 m im Dovrefjell. Kondition ist also gefragt. Das Rennen findet am letzten Samstag im Juni statt.

- Buchungen direkt bei Oslo Cyclekrets, Styrkeprøven, Ekebergveien 101, 1178 Oslo, ☎ 22 57 97 46, FAX -47, ✉ info@styrkeproven.com, 🖥 www.styrkeproven.no

580 Stjørdal 🏨 🍴 ✕ ✈ ♥ BANK ✚
- Kjøpmannsg. 10, 7501 Stjørdal, ☎ 74 83 45 80, FAX 74 83 45 81
- Hognes Gård og Camping ***, 7500 Stjørdal, ☎ 74 82 45 06, FAX 74 82 41 20, ♦ 🚿 ⚡ 🅿 ≋ ⚓, GPS N63°27.928' E10°57.912'

In und um Stjørdal gibt es Campingplätze, die wegen des starken Fluglärms nicht zu empfehlen sind. Zwischen Hell und Stjørdal liegt nämlich **Værnes** mit dem Flughafen von Trondheim. Die E 6 verläuft als Tunnel unter der Start- und Landebahn hindurch.

✝ Die Værnes-Kirke ist eine der ältesten Kirchen Norwegens. Sie wurde bereits 1085 erbaut. Ihre offene Dachkonstruktion macht sie einzigartig.

Nachdem die Straße einige kleinere Hügel überwunden hat, geht es zwischen Felsen und Fjord weiter.

594 🚐 ⚠ Fætenfjord Camping ***
- 7630 Åsen, ☎ 74 05 86 03, gut geschützt am Ende einer kleinen Bucht, 🗓 1.5. bis 30.9., ♦ 🚿 ⚡ 🅿 ≋ ⚓

Gleich hinter dem Campingplatz beginnt das **Vuddudalen**, in dem es kurvig aufwärts geht. Das schmale Tal bietet gerade der Straße, dem Fluss mit seinem braunen Wasser - der Boden ist torfhaltig - und den Eisenbahnschienen Platz.

602 Åsen ⛽ 🍴

🚐⛺ Gullberget Camping ****, 7630 Åsen, ☎ 74 05 61 51, FAX 74 05 65 73, ✉ gullberget@hotmail.no, 💻 www.nafcamp.com, 📅 1.5. bis 1.10., 💧🚿⚡🚻⚓,
GPS N63°37.353' E11°3.744'

Diese jetzt weitläufige Region Norwegens wird landwirtschaftlich genutzt. Kleinere Hügel mit vereinzelten Baumgruppen begrenzen den Horizont.

616 Skogn mit großer Holzfabrik. ↪ Hinter Skogn links zur Kirche ✝ von **Alstadhaug**. Die Steinkirche wurde ca. 1150 erbaut. Das Besondere an ihr ist der achteckige Chor. Einige Wandmalereien stammen aus dem 13. Jh. Nicht weit von der Kirche entfernt liegt der größte Grabhügel Norwegens, der **Alfshaugen**.

Auf der Straße können Sie weiter bis **Levanger** fahren. Die Stadt liegt sehr schön am Trondheimsfjorden.

ℹ Levanger Utvikling AS, Touristeninformasjon, Kirkegt. 50, 7600 Levanger, ☎ 74 08 96 10, FAX 74 08 96 20

🚐⛺ Levanger Camping, Postboks 249, 7601 Levanger, ☎ 40 00 70 06, ✉ post@levangercamping.no, 💻 www.levangercamping.no, GPS N63°44.348' E11°16.703'.

In Levanger und Umgebung einige 🚐 ⛺. Der Ort war im Mittelalter ein wichtiges Handelszentrum mit Verbindungen nach Schweden. Die alte Holzstadt ist noch sehr gut erhalten.

619 Grånmyra ⛽ 🚐 ⛺
622 Ausgebauter 90 km/h-Abschnitt, der um die Stadt Levanger herumführt. An der ↪ ins Zentrum ebenfalls günstige ⛽ 🍴 und ein Badeland 🏊
634 🚐 ⛺ Soria Moria Camping, ☎ 74 07 69 33
635 ↪ Abzweig auf die 757 nach **Stiklestad** (6 km).

Verdal ⛽ 🍴 ✈ ✕ BANK ☎ ✚
Verdal bzw. **Verdalsøra** hat einen großen Hafen, in dem Bohrplattformen für die Ölförderung in der Nordsee hergestellt werden.

Stiklestad

Der kleine Ort **Stiklestad** abseits der E 6 ist historisch bedeutend. Hier fiel der zum Christentum übergetretene und später heiliggesprochene Wikingerkönig Olav Haraldsson in der Schlacht von 1030 bei seinem Versuch, das norwegische Reich zurückzuerobern. Sein Tod führte indirekt zur Vereinigung Norwegens und zur Christianisierung des Landes. Auf dem ehemaligen Schlachtfeld wurde 1130 eine Kirche errichtet. Die Fresken im Chor stellen Szenen der historischen Schlacht dar.

Des Weiteren gibt es das ⌘ *Stiklestad Nasjonale Kultursenter*, in dem die Ausstellung „Stiklestad 1030" die Christianisierung des Landes aufzeigt.

Seit mehr als vierzig Jahren wird im Freilichtmuseum des Ortes auf einer Naturbühne das „Spelet om Heilag Olav", das Spiel über den Heiligen Olav, aufgeführt. Immer um den 29. Juli (Olavstag) zeigen über 300 Schauspieler die Konflikte innerhalb der bäuerlichen Gemeinschaft und der Sippen zur Zeit der Schlacht von Stiklestad im Jahr 1030. Die Schlacht wird als wichtigstes Ereignis im Zusammenhang mit der Christianisierung Norwegens bezeichnet.

Neben dem Schauspiel lohnt die Besichtigung des Freilichtmuseums mit seinen 30 gut erhaltenen Gebäuden aus dem 17. Jh.

- Kartenreservierung: Stiklestad Nasjonale Kultursenter, Leksdalsveien 1, 7650 Verdal, ☎ 74 04 42 00, FAX 74 04 42 11, ✉ stiklestad@snk.no, 🖥 www.stiklestad.no, 🕐 1.6. bis 15.8. 9:00 bis 20:00, sonst 9:00 bis 16:00 (11:00 bis 17:00),
  Eintritt: Erwachsene NOK 160, Kinder NOK 80
  Preise für das Theaterstück: Erwachsene NOK 470, Kinder NOK 220

🚐 Stiklestad Camping
- 7650 Verdal, ☎ 90 16 66 49, ✉ post@stiklestadcamping.no,
  🖥 www.stiklestadcamping.no, 🕐 1.5. bis 31.10, GPS N63°46.378' E11°34.803';
  zum **Granfossen-Wasserfall** 25 km

641 🚐 ⛺ Koa Camping
- Røraveien 620, 600 m neben der E 6. ☎ 74 15 44 71

652 Sparbu ⛽ ✕
662 Sørlia, 🍴

Steinkjer

- ♦ km 665, 12.000 Einwohner
- ℹ Bezirkshauptstadt von Nord-Trøndelag am **Beistadfjorden**, einem Seitenarm des Trondheimsfjorden, Steinkjer Næringsselskap/Touristeninformation, Sjøfartsgata 2A, Postboks 91, 7701 Steinkjer, ☎ 74 40 17 16, FAX 74 40 17 10,
  ✉ post@visitinnherred.com, turistkontor@rv17.no, 🖥 www.rv17.no,
  🖥 www.visitinnherred.com
- 🚐⛺ Guldbergaunet Sommerhotell og Camping****, Elvenget 34, 7716 Steinkjer, Postboks 2073, 7708 Steinkjer, ☎ 74 16 20 45, FAX 74 16 47 35,
  ✉ g-book@online.no, 🖥 www.rv17.no/guldbergaunet, ♦ 🏠 ⚡ 🔲 ≈ ⚓,
  GPS N64°1.336' E11°30.384'
- 🛏 Quality Hotel Grand, Kongensgate 37, 7709 Steinkjer, ☎ 74 16 47 00,
  FAX 74 16 62 87, ✉ q.steinkjer@choice.no,
  🖥 www.nordicchoicehotels.no/quality/quality-hotel-grand-steinkjer
- ♦ Føllingstua, Haugåshalla 6, 7732 Steinkjer, ☎ 74 14 71 90, 📅 1.5. bis 1.10.,
  ✉ post@follingstua.no, 🖥 www.follingstua.no, GPS N64°6.583' E11°34.667'
- 🛒 In der Stadt gibt es viele Einkaufsmöglichkeiten. Direkt an der E 6 liegt das riesige Globus-Einkaufszentrum.
- ≈ Wem das Wasser der Fjorde zum Schwimmen zu kalt ist, der sollte ins Dampsaga-Bad gehen. Neben Schwimmbecken, Warmwasserbecken und Whirlpool gibt es auch eine 43 m lange Wasserrutsche und Saunen, 📅 Mo bis Fr 10:00 bis 20:00, Sa und So 11:00 bis 17:00, direkt an der E 6, ☎ 74 12 16 90,
  🖥 www.dampsaga-bad.no

In der Umgebung von Steinkjer sind mehrere Fundstellen von Felszeichnungen aus der Vorzeit zu besichtigen. 400 Figuren und Symbole aus der Stein- und Bronzezeit finden Sie 12 km westlich in **Bardal**. Schiffe, die in der Bronzezeit von einer bäuerlichen Bevölkerung gezeichnet wurden, sowie Tierzeichnungen von Jägern aus der Steinzeit sind hier zu besichtigen. Zu den Fundstellen gelangen Sie, wenn Sie von Steinkjer aus 27 km am Ostufer des **Snåsavatnet** auf der Straße 763 bis in die Nähe von **Valøy** fahren. Von einem Parkplatz aus gehen Sie 300 m bis zu der Zeichnung. Große Schautafeln informieren über die Kunst der Felszeichnung. Wenn Sie bis zum Ende der 763 fahren, gelangen Sie nach 62 km wieder auf die E 6 (bei **Snåsa**). Entlang dieses Abschnitts finden Sie drei 🚐 ⛺ und zwei ⛽.

*Wassermangel herrscht in Norwegen nicht:
Immer wieder sehen Sie am Weg Flüsse und Wasserfälle (Tvindevossen)*

☺ In der Nähe von Snåsa liegt der ⊗ **Gressåmoen Nasjonalpark**. Der 1970 eingerichtete Park hat eine Fläche von 182 km². Wanderwege sind nicht angelegt, aber ringsherum ist Wandern in unberührter Landschaft möglich.

Der Weg auf der E 6 bis zur Kreuzung zur 763 (km 720) ist 55 km lang und verläuft am gegenüberliegenden Ufer des schmalen **Snåsavatnet**, bedeutet also keinen großen Umweg. Auf diesem Abschnitt 🅿 und fünf 🚐 ⚠.

Zwischen Trondheim und Steinkjer wird viel Landwirtschaft betrieben. Das ändert sich hinter Steinkjer. Ab **Grong** (70 km hinter Steinkjer) geht es durch das **Namdalen** am Fluss **Namsen** entlang. Wenige Orte durchbrechen die ausgedehnten Waldgebiete. Auch das ohnehin nicht hohe Verkehrsaufkommen auf der E 6 wird immer geringer. Die Straße verläuft kurvig bergauf und bergab. Die umgebenden Berge erreichen am Ende des Namdalen bis 1.000 m Höhe.

720 ✖ Kreuzung E 6 - Rv 763, 🚐 ⚠ Bonden II Camping
732 **Heia-Gjestegård**, ✖

736 Bjørgan, auf die Straße 74 zum **Formofossen-Wasserfall** (2,5 km) und Bjørgan Campingplatz.

Zum Wasserfall gelangen Sie, wenn Sie die Abfahrt hinter der Brücke nehmen und dann gleich links fahren. Im Ort **Sanddøla** fahren Sie wieder links über die Schienen und suchen sich gleich hinter der kleinen Brücke, die über den Wasserfall führt, eine Parkmöglichkeit. Über eine Lachstreppe, die allerdings in einem Tunnel auf einer Länge von 100 m nach oben führt, kann der König der norwegischen Flüsse, der Lachs, den Höhenunterschied von 31 m überwinden. Wenn Sie einen der kleinen Trampelpfade nehmen, die durch den Birkenwald führen, gelangen Sie zu verschiedenen Aussichtspunkten mit Blick auf den Wasserfall.

743 Langnes Familiencamping ****
♦ 7871 Grong, ☎ 47 68 83 33, FAX 74 33 00 29, langnescamping@hero.no, www.camping.no, , GPS N64°27.590' E12°18.795'

744 Grong
Um in den Ort zu gelangen, müssen Sie die E 6 hinter der blauen Brücke verlassen und über eine weitere Brücke ins Zentrum fahren. Um Grong herum finden Sie einige gut beschilderte Wanderwege.

- ☎ 74 31 27 00
- Auch auf dem Rücken eines Pferdes kann man die Gegend erkunden: Jørum Gård - ferie og fritid, ☎ 74 33 21 62.

Routenbeschreibung: km 744 bis

🏠 Grong Vandrerhjem, Trøahaugen, 7870 Grong, ☏ 74 33 20 00, FAX 74 33 18 99, ✉ grong@hihostels.no, 🛏 1.6. bis 25.7.

Hinter Grong verengt sich das Tal, sodass nur der Namsen und die E 6 zwischen die Berge passen. Bei km 754 verlässt die E 6 die Talsohle des Namsen und steigt an. Der Grund des Anstiegs ist bei km 757 zu sehen.

757 Fiskumfoss Wasserkraftwerk und **Namsen Laksakvarium**, der tosende Fiskumfossen-Wasserfall hat eine Fallhöhe von 34,5 m.

Namsen Laksakvarium

Gezeigt werden in einem 55.000-Liter-Aquarium echte Wildlachse aus dem Namsen. Damit die Fische den Höhenunterschied an dieser Staustufe überwinden können, wurde ihnen eine „Lachstreppe" gebaut. Sie ist mit 291 m die längste Europas. Allerdings sind nur die oberen 90 m zu sehen. Der übrige Teil verläuft durch einen in den Felsen gesprengten Tunnel. 77 sogenannte Kolke muss der Lachs überwinden, um ins Laichgebiet zu gelangen. Um die Lachse beobachten zu können, müssen Sie die Staumauer zur anderen Uferseite queren.

Am oberen Ende der Kolke ist ein Becken, in dem die Lachse gestoppt werden. Nachdem sie gezählt und gewogen wurden, dürfen sie weiterziehen.

Ein Museum zeigt eine Ausstellung rund ums Angeln. Der größte im Namsen geangelte Lachs wog 31,5 kg. Direkt unter dem Museum befindet sich das Fossen-Restaurant. Der Duft zubereiteter Lachse zieht durch alle Räume.

♦ Namsen Laksakvarium, Harran, 7870 Grong, ☏ 74 31 27 00, FAX 74 31 27 01, 🌐 www.namsenlaksakvarium.no, NOK 80, Kinder NOK 50

759 Harran 🏠 🍽 ✓ ✕ ➕ 🏊 BANK

🚐 Harran Camping ***, 7873 Harran, ☏ 74 33 29 90, ✉ harrancamping@gmail.com, 🌐 www.harrancamping.no, 🛏 1.6. bis 20.8., ⚫ 🚿 〰 🔌 🍴, GPS N64°33.549' E12°29.000'

Hinter Harran verläuft die E 6 selten am Wasser entlang und schlängelt sich durch ein größeres Waldgebiet.

788 Trones 🏠 🍽 ✕

🚐⛺ Namsskogan Hotell og Campingplass***, 7892 Trones, ☎ 74 33 36 00, FAX 74 33 36 99, ✉ hotell@namsskogen-familiepark.no, 💧 🚿 🍽 🔌, GPS N64°44.613' E12°50.602'

Polarfuchs

 Namsskogan Familienpark

Hier leben Elche, Bären und andere Tiere Nordskandinaviens in natürlicher Umgebung. Die Benutzung der langen Rodelbahn und der motorisierten „Kreisboote" sowie andere Aktivitäten sind im Eintrittspreis enthalten. An vielen Stellen wurden Grillplätze eingerichtet.

- ✉ info@namsskogen-familiepark.no, 🖥 www.namsskogan-familiepark.no, 🕐 27.6. bis 11.8. 10:00 bis 18:00; sonst nur bis 17:00, Erwachsene NOK 275, Kinder (3 bis 15 J.) NOK 250, Familien NOK 895, Senioren (65+) NOK 210. (Preise gelten für die Hauptsaison.)

803 Brakkvasselv ⛽ 💧 🛒 🏊 🏦

🚐⛺ Elvaheim Camping, 7896 Brakkvasselv, ☎ 74 33 42 60, 🕐 1.6. bis 30.9., ➲ 15 km nördlich vom Namsskogan Familiepark, GPS N64°50.915' E13°1.320'.

816　　Wasserkaskaden an einem Rastplatz direkt an der E 6.

817　　**Namsskogan** 🅿 💧 ✂ 🍽 ✕ ✚ 🏊 🏦
🚐⛺ Nyheim Camping, ☏ 99 51 65 58, ✉ postmottoa@nyheimcamping.no,
💻 www.nyheimcamping.no, GPS N64°56.350' E13°10.337'

Jetzt wird die E 6 wieder von über 1.000 m hohen Bergen eingerahmt, die stark bewaldet sind.

839　　„Nord-Norge", der Bezirk, durch den der Polarkreis führt, kündigt sich mit einem über die Straße gespannten Schild an, welches das Nordlicht darstellen soll. Großer 🅿 in unmittelbarer Nähe des Schildes mit 🛈 ☕ 🚻. Viele Reisebusse machen hier Station. Von hier sind es nach Trofors 55 km, Mosjøen 100 km, Fauske 370 km, Narvik 680 km. Wenn Sie hier in Ihrem Wohnmobil nächtigen möchten, kostet das NOK 100.

845　　🚐 ⛺ Majavatn Camping **
♦　　8683 Majavatn, ☏ 47 28 94 69, 📅 1.6. bis 31.8., 💧 🚿 🔌 📶 🏊 ⚓,
　　　GPS N65°9.422' E13°21.725'

Kurz dahinter **Majavatn**, ⇧ 310 m, 🅿 ✂ 🍽
Hinter Majavatn geht die Straße bis auf 375 m bergauf, um an weiteren Seen entlang bis ins **Svenningdalen** (km 875) mit dem **Svenningdalelva** zu führen.

868　　Rastplatz mit Camping-Erlaubnis am See **Store Svenningsvatnet**.
874　　Rastplatz mit 🚻
881　　**Svenningdal**
🚐⛺ Svenningdal Camping, ☏ 75 18 13 89, der Platz reicht terrassenförmig bis an den Svenningdalelva heran. 🏊 🔌 📶 ⚓, GPS N65°26.685' E13°24.166'

890　　🚐 ⛺ Elvetun Camping direkt an der E 6.
893　　**Trofors** 🅿 🍽 ✕ ✚ ☎

Hinter Trofors weitet sich das Tal, die Straße verläuft nur kurz am Fluss entlang, der jetzt **Vefsna** heißt und nach Norden Richtung Mosjøen fließt.

907 **Laksfossen-Wasserfall** mit ✕, 🛏 9:00 bis 22:00.

932 Der 300 m lange Moståstunnelen.
Mosjøen, 11.000 Einwohner,
Mosjøen ist eine Industriestadt mit großer Aluminium- und Holzfabrik. Im Bereich um die Sjøgate gibt es ein gut erhaltenes Holzhausviertel mit Häusern aus der Mitte des 19. Jh. zu sehen. Die Dolstadkirke aus dem Jahr 1734 ist eine der ältesten achteckigen Kirchen Norwegens.

- ☏ 75 17 61 20
- Fru Haugans Hotell, Strandgt. 39, 8656 Mosjøen, ☏ 75 11 41 00, ✉ res@fruhaugans.no, 🖥 www.fruhaugans.no
- ♦ Lyngengården Hotell, Vollanvegen, ☏ 75 17 48 00, ✉ service@lyngengardenhotell.no, 🖥 www.lyngengardenhotell.no
- ♦ Franks Kro og Motell, Vollanvegen, ☏ 75 17 76 00
- Mosjøen Camping ****, 8651 Mosjøen, ☏ 75 17 79 00, FAX 75 17 49 93, ✉ post@mosjoenhotell.no, 🖥 www.mosjoencamping.no, Go-Kart-Bahn, Bowlinghalle, 🏠 🍴 📺 ♨ 🐾. ➔ direkt an der E 6, GPS N65°49.701' E13°13.289'

Nördlich von Mosjøen schließt sich der Ort **Halsøya** an. Häuser säumen die Berghänge. Hinter dem Doppelort geht es wieder bergauf.

950 🚐 ⛺ Aspnes Camping
- Fustvatn, 8664 Mosjøen, ☏ 92 08 25 48, ✉ sveinaage@nax.no; liegt am See **Fustvatnet**, ⇧ 37 m. GPS N65°54.501' E13°21.412'. Der Blick über den See auf die über 1.000 m hohen Berge des **Stigfjellet**, deren Gipfel nicht mehr bewachsen sind, ist sicherlich einen Übernachtungsstopp wert.

955 🚐 ⛺ Mosjøen Camping ***
- ♦ Mjåvatn, 8650 Mosjøen, ☏ 75 17 79 00, FAX 75 17 49 01, ✉ post@mosjoenhotell.no, 🛏 15.6. bis 10.8., ♦ 🏠 🍴 📺 ♨ 🐾. ➔ eine große Anlage oberhalb der E 6, GPS N65°49.701' E13°13.289'
- 🏠 Mosjøen Vandrerhjem og Sandvik Camping, Sandvik, 8664 Mosjøen, ☏ 75 11 50 00, ✉ mosjoen@hihostels.no, 🛏 15.5. bis 15.8., GPS N65°56.102' E13°24.38'

972 🚐 ⛺ Osen Camping unterhalb der E 6.

Hier können Sie Ihren Blick über den 136 m hoch gelegenen See **Luktvatnet** schweifen lassen. Im Hintergrund ragen blanke Berge empor, die in der Sonne glitzern. Hinter der Abfahrt zum Campingplatz beginnt eine 9 %ige Steigung.

979 Korgfjellet Passhöhe, ⇧ 550 m
Auf dem Korgfjellet befindet sich das Korgfjellet Kro og Motell 🛏. Bei guten Wetter können Sie von hier Richtung Norden den **Svartisen-Gletscher** sehen, der am Polarkreis liegt. Gen Osten blicken Sie auf den Gletscher **Okstindbreen**. Hinter der Passhöhe geht es 8 km bergab bis in den Ort Korgen.

987 Korgen ⛽ 💧 🍽 ✕ ✚ 🏦 ⚥

🚐⛺ Korgen Camping **, Korgsjøen 5B, 8646 Korgen, ☎ 75 19 11 36,
FAX 75 19 12 26, ✉ post@korgen-camping.no, 🖳 www.korgen-camping.no,
📅 1.6. bis 10.9., 🚿 ⚡ 🔧, GPS N66°4.466' E13°50.333'

998 ⛽ 🚐 ⛺

Die spektakuläre Atlantikküste bei Mo i Rana

Die E 6 verläuft jetzt direkt am **Sørfjorden**. Auf den nächsten 7 km folgen fünf Tunnel. Der längste von ihnen ist der 800 m lange Finneidfjordtunnelen, in dem es aufwärts zum nächsten Fjord geht.

Es ist der **Finneidfjorden,** ein kleiner Seitenarm des **Ranfjorden**, an dessen Ende die Stadt **Mo i Rana** liegt.

Bjerka Camping **, Nygårdsgt 27, 8643 Bjerka, ☎ 75 19 05 47,
FAX 75 19 31 90, post@bjerkacamping.no, www.bjerkacamping.no,
1.6. bis 1.9., zwischen den Tunneln, GPS N66°8.117' E13°50.187'

Die folgenden 22 km bis Mo i Rana führen am Fjord entlang mit schönem Ausblick auf das gegenüberliegende Fjordufer.

1.010 Yttervik Camping,
ranjas@online.no, www.ytervikcamping.no

1.013 Hesjevik Camping **

1.025 Ortsschild von **Mo i Rana**, auf dem Weg ins Zentrum einige.

Die E 6 führt um das Stadtzentrum herum. Am zweiten Kreisel geht es geradeaus zum Touristenbüro.

Hier können Sie kostenlos parken und in die nahegelegene Fußgängerzone zum Einkaufen gehen oder zur Altstadt am Fjordufer gelangen.

1.030 Mo i Rana Zentrum, 7.500 Einwohner

- Polarsirkelen Reiseliv, O.T. Olsensgt. 3, Mo i Rana, ☎ 75 01 80 00,
 mo@visithelgeland.com, www.visithelgeland.com, 21.6. bis 15.8. Mo bis Fr 9:00 bis 20:00, Juli bis 21:00, Sa 9:00 bis 16:00, So 13:00 bis 19:00

- Comfort Hotel Ole Tobias, Thora Meyersgate 2, 8602 Mo i Rana,
 ☎ 75 12 05 00, FAX 75 12 05 01, co.ole.tobias@choice.no

♦ Fjordgården Hotell Mo i Rana, Søndregate 9, 8602 Mo i Rana, ☎ 75 13 81 00,
 FAX 75 13 82 99, fjordgarden@fjordgarden.no, www.rica.no

♦ Meyergården Hotell, Fr. Nansensgate 28, ☎ 75 13 40 00, FAX 75 13 40 01,
 meyergarden@meyergarden.no, www.meyergarden.no

Mo i Rana Camping, Hammerveien 8, 8626 Mo i Rana, ☎ 75 14 41 44, FAX 75 14 41 45, mo.camping@gmail.no, www.moiranacamping.no, GPS N66°18.983' E14°10.684'. Liegt direkt im Zentrum. GPS N66°19.00' E14°10.45'

Mo i Rana war früher ein alter Markt- und Handelsplatz, wo die Samen ihre Waren an Händler aus dem Süden verkauften. Im 17. Jh. beherrschte die Familie Meyer, die auch das Hotel Meyergården errichtete, den Handel. Heute dominiert das Stahlwerk von „Norsk Jernverk" das Stadtbild.

Am Fjord sind wenige Häuser des alten Mo i Rana erhalten geblieben. Hier finden Sie auch das Naturkundemuseum mit einer Ausstellung über **Helgeland**. Davor im Wasser steht der 10 m hohe „Havmannen", eine Skulptur des englischen Künstlers Antony Gormley.

1.035 Hinter der blauen Brücke beginnt **Selfors**. Am nächsten Kreisel geht es rechts auf der E 6 weiter zum Polarkreis.

Von der Brücke sind es 170 km bis nach **Fauske**, der ersten größeren Stadt nördlich des Polarkreises. Voraus sind schneebedeckte Berge zu sehen.

Bis in den Ort **Krokstrand** geht es entlang des Flusses **Ranelva** im **Dunderlandsdalen**. Hinter Krokstrand, wo sich der Fluss teilt, begleitet der **Gubbeltåga** die E 6. Beide Flüsse führen klares Wasser, das von den Schneefeldern der bis zu 1.700 m hohen Berge stammt.

Das Tal ist dicht bewaldet und sehr grün. Das ändert sich kurz vor dem Polarkreis, denn dort erreicht die Straße die Baumgrenze und verläuft über ein mit Gräsern und Moosen bewachsenes Fjell.

1.042 Røssvoll

direkt an der Straße zum **Svartisen-Gletscher**, zur **Grønli-** und zur **Setergrotta** (☞ Extratouren Nr. 4).

1.046 🚐 ⛺ Storli Camping **
♦ 8630 Storforshei, ☎ 75 16 02 32, annsaete@online.no 📅 1.6. bis 15.9., 🚿 🚻 ⚡ 📺
 ⚓

1.051 **Storforshei** ⛽ 🛒
1.057 🚐 ⛺ Skogly Overnatting ***
♦ 8630 Storforshei, ☎ 97 66 74 68, 📅 1.6. bis 20.8., 🚿 🚻 ⚡

1.063 Stjerensolvsmie, die Silbermine von **Stjeren** mit Verkauf.
1.070 **Dunderland**
1.076 **Storvoll**
1.078 Guter Wildrastplatz am Fluss.

1.086 **Krokstrand** 🚐 🏠
🚐⛺ Krokstrand Camping ***, Saltfjellveien 1573, 8630 Storforshei, ☎/FAX 75 16 60 74,
 📧 toverakvaag@msn.com, 🌐 www.nafcamp.no, 📅 1.6. bis 20.9, 🚿 🚻 ⚡ 📺 ⚓
Der Platz liegt 19 km vom Polarkreis entfernt und ist ein guter Ausgangspunkt für
Wanderungen im **Saltfjellet-Svartisen Nasjonalpark**.
GPS N66°27.764' E15°5.576'

1.089 🚐 ⛺ Elvmøthei Camping,
 ☎ 75 16 60 25, 🌐 www.elvmotheifjellgaard.latestdot.nu

Nach dem Linksknick, den die E 6 hinter Krokstrand macht, bilden die Berge,
die Sie rechts neben der Straße sehen, die Grenze zu Schweden. Norwegen ist
an dieser Stelle sehr schmal.

1.100 Die Vegetation nimmt stark ab, bis es nur noch Moose schaffen, dem kalten, rauen Klima zu trotzen.
1.105 Polarkreis mit Polarkreiszentrum

Polarkreiszentrum

♦ ⇧ 650 m, ⌘ 🌿 ✕ 🏠
ℹ 8635 Polarsirkelen, ☎ 75 12 96 96, FAX 75 12 96 95,
 📧 post@polarsirkelsenteret.no, 🌐 www.polarsirkelsenteret.no, 📅 1.5.-1.9., 8:00
bis 22:00, geschlossen 2.9. bis 30.4.

Der Polarkreis verläuft auf 66°33' nördlicher Breite rund um die Erde. Vom Polarkreis sind es bis zum Nordpol 3.330 km, zum Äquator 6.660 km. Das Polarsirkelsenteret (Polarkreiszentrum) wurde genau auf diesem Breitengrad erbaut. Wenn Sie sich oberhalb des Gebäudes neben das große Polarkreisdenkmal stellen, sehen Sie weitere fünf aufgestellte Erdkugeln. Die letzten beiden stehen bei den Eisenbahnschienen. Sie bilden zusammen einen Teil des Polarkreises nach. Im Souvenirgeschäft gibt es zum Teil sehr hochwertige Ware wie Schmuck und echte Norweger-Pullover. Auch Postkarten sind ein lohnendes Souvenir. Wenn Sie Ihre Karten in den Briefkasten am Postamt werfen, erhalten Sie den Stempel „8342 Polarsirkelen".

⌘ Neben dem großen Souvenirshop und einem Restaurant, wird auf einer Ausstellungsfläche u.a. in Filmen über den Polarkreis, das Nordlicht und die Samen informiert.

P Auf einer gesonderten Parkfläche vor dem Polarkreiscenter können Wohnwagen und Wohnmobile parken.

Rechts etwas oberhalb des großen Polarkreisdenkmals liegt ein „Steinturm-Garten". Viele Besucher haben aus dem Umfeld Steine gesammelt und zu kleinen Türmen aufgeschichtet, um kundzutun, dass sie hier gewesen sind. Mittlerweile ist es gar nicht mehr so einfach, in näherer Umgebung des „Steinturm-Gartens" geeignete Steine zu finden.

Blickt man gen Westen über die E 6 und die Eisenbahnschiene, beginnt am Fuße der Berge der ⊛ **Saltfjellet-Svartisen Nationalpark**, dessen Grenze sich entlang der E 6 hinzieht. Vom Polarkreis bis nach Narvik sind es rund 340 km.

Die E 6 verbleibt etwa 20 km auf knapp 700 m Höhe. Es folgen einige Rastplätze, auch mit WC. Nach 20 km geht es recht steil ins **Saltdalen,** durch das der Fluss **Lønselva** fließt. Der Blick voraus während der Abfahrt auf die über 1.500 m hohen Berge ist beeindruckend.

Unten im Tal geht es auf einer wunderbar ausgebauten E 6 mit 90 km/h bis nach **Rognan** an den **Saltdalsfjorden**

1.109 Der höchste Punkt im **Saltfjell** mit 692 m ist erreicht.
1.124 Ende der gut ausgebauten Straße, und es geht ins Saltdal hinunter

1.128 ✗ Sames løyd, 500 m weiter folgt Hotell Polarsirkel.

1.137 Saltdal-Turistsenter ⛽ ✗

🚐🏕️ Saltdal Turistsenter ★★★★, 8255 Røkland, ☏ 75 68 24 50, FAX 75 68 24 51, ✉ firmapost@saltdal-turistsenter.no, 🖥 www.saltdal-turistsenter.no, 🚿 🍴 🏊 ⚡, GPS N66°48.817' E15°24.067'

↪ Am Turistsenter auf der Straße 77 rechts ins **Junkerdalen** nach Schweden (24 km).

1.143 Beginn der Ausbaustrecke bis Rognan, auf der man 90 km/h fahren darf.

1.153 🚐🏕️ Nordnes Camp & Bygdesenter ★★★
◆ 8255 Røkland, ☏ 75 69 38 55, FAX 75 69 39 60, ✉ post@nordnescamp.no, 🖥 www.nordnescamp.no, 💧🚿🍴🏊⚡, GPS N66°56.310' E15°18.824

ℹ Im Campingplatz ist auch das Saltdal Touristcenter integriert. 🖥 www.visitsaltdal.no.

1.158 ⛽ 🛒

Das Saltdal hat sich geweitet, und die Berge rechts und links sind wieder mit Bäumen bis zum Gipfel bewachsen.

1.168 ↪ nach **Medby**

🚐🏕️ Medby Camping ★★, 8250 Rognan, ☏ 75 69 03 15, 📅 1.6. bis 1.9., 💧🚿🍴🖥⚡

Die Straße 812 bringt Sie zum **Saltstraumen**, dem größten Gezeitenstrom der Welt (☞ Extratouren Nr. 3).

1.170 ↪ ins Zentrum von **Rognan** und 🚐 🏕️, an der Kreuzung Rastplatz mit ℹ.

🚐🏕️ Rognan Fjordcamping, Sandbakkvn. 16, 8250 Rognan, ☏ 75 69 00 88, ✉ admin@fjordcamp.com, 🖥 www.fjordcamp.com, GPS N67°6.200' E15°24.534'

Die E 6 führt großzügig an Rognan vorbei. Auf den 30 km bis Fauske entlang des Saltfjorden folgen fünf Tunnel. Tankstellen und offizielle Campingplätze finden Sie hier nicht. Die Strecke ist sehr hügelig und führt bis zum fünften Tunnel, dem 1.780 m langen Kvænflågettunnelen, dicht am Saltfjord entlang. Die Aussicht von Parkbuchten und Rastplätzen aus ist sehr gut. Hinter dem letzten Tunnel erklimmt die E 6 einen kleineren Bergrücken, um auf der anderen Seite an der **Fauskevika** nach Fauske herabzulaufen.

1.195 🚐 ⚠ Fauske Camping og Motell ***
- Leivset, 8200 Fauske, ☎ 75 64 84 01, FAX 75 64 84 13, ✉ fausm@online.no, 🖥 http://home.online.no/~fausm/, ♦🏠🍴🛁🏊⛽. ➲ oberhalb des Fjordes vor den Toren der Stadt, GPS N67°13.772' E15°24.615'
- Lundhøgda Camping, 8200 Fauske, ☎ 75 64 39 66, FAX 75 64 92 49, ✉ post@lundhogdacamping.no, 🖥 www.lundhogdacamping.no, 📅 1.5. bis 1.10., GPS N67°14.717' E15°20.150'

1.199 Fauske ⛽ 🔧 🏨 ✕ ✚ 🛒 BANK

Fauske liegt an der Fauskevika, einer kleinen Bucht im Saltfjorden. Die Stadt ist schmucklos, aber sie bietet alles, um sich zu versorgen. Von hier gelangt man auf der Straße Nummer 80 zur Bezirkshauptstadt Bodø und zum Saltstraumen-Gezeitenstrom. Von Bodø verkehren Fähren zur größten norwegischen Vogelinsel nach **Røst** und auf die **Lofoten** und **Vesterålen**.

Schöner Strand auf den Lofoten (am Campingplatz von Fredvang)

🛈 Salten Reiseliv, Sjøgata 46, 8200 Fauske, saisonal im Salten Museum,
  ☎ 75 50 35 16, FAX 75 64 46 98, ✉ fauske.turistinformasjon@saltenmuseum.no,
  💻 www.saltenmuseum.no

🛏 Fauske Hotell, Storgt. 82, 8200 Fauske, ☎ 75 60 20 00, FAX 75 64 57 37,
  ✉ firmapost@fauskehotell.no, 💻 www.fauskehotell.no oder 💻 www.rica.no

Hinter Fauske beginnt ein sehr schöner Straßenabschnitt entlang des Fjords **Sørfolda** mit vielen Wasserfällen und spektakulären Bergformationen. Die E 6 führt auf den 161 km zwischen Fauske und **Bognes** durch 18 Tunnel.

Noch bis 1986 fuhr von **Sommarset** eine Fähre über den **Leirfjorden** nach **Bonnåsjøen**. Diese Fährverbindung wurde durch eine 31 km lange Straße mit 6 Tunneln ersetzt, wobei der längste Tunnel 4.453 m misst (Kobbskaret).

1.202 Mittelpunkt des Nordkappvegen, Rastplatz.
1.214 **Straumen** 🍴 ✖ ✚ BANK 🏊
  🚐 ⛺ Strømhaug Camping ****, Strømhaugveien 2, 8226 Straumen, ☎ 75 69 71 06,
  ✉ mail@stromhaug.no, 💻 www.stromhaug.no, 💧 🚿 🔌 📶 🍴,
  GPS N67°20.767' E15°35.745'

Ein Weg führt hinter der **Trengsel bru** zum ❀ **Rago Nasjonalpark**. Wanderwege führen über die Grenze in den schwedischen ❀ Nationalpark **Padjelanta**.

1.231 Rastplatz mit 🍴
1.242 🚐 ⛺ Sommarsetfjord Camping am Leirfjord, 300 m hinter der Abfahrt geht es in den 1.400 m langen Berrflogtunnelen.
1.246 Es geht 2,7 km mit 8 % Gefälle bergab. In der Abfahrt liegt der 800 m lange Kannflogettunnel.

Da die Straße sehr hoch gelegen ist, bietet sich eine gute Aussicht auf das gegenüberliegende Ufer des Leirfjords.

1.251 Der 1.300 m lange Rauhammerentunnel ist in einen 2,3 km langen Straßenabschnitt integriert, der 7 % Steigung hat. Am Ende der Steigung ist ein Vardshus mit ✖. Dem Vardshus folgt der 800 m lange Kobbhammarentunnel. Es geht bergab; am Ende des Fjords entfernt sich die Straße vom Wasser.

1.256 ⛽ am Fjordende.

Weiter geht es durch ein Tal, durch das ein kleiner Fluss fließt, bis zum nächsten Tunnel.

1.261 Middagsfjellettunnel (2.100 m)

Hinter dem Tunnel sieht man Berge mit bizarren Felsstrukturen.

1.263 🚐 ⛺ Kobbvasgrenda Camping
1.265 Beginn einer 1,3 km langen 8 %igen Steigung.
1.270 Schöner Rastplatz mit 🪑

> Oben angekommen, geht es durch den Kobbskardettunnel (4.400 m) gleich wieder bergab. Hinter dem Tunnel folgt der 🚐 ⛺ Nyheim Campingplatz.
♦ ☎ 75 69 51 81

1.276 Mørsvikbotn am gleichnamigen Fjord. 🛒 🍴 🚐 ⛺

Zwischen den über 1.000 m hohen Bergen haben sich in den Tälern Seen gebildet, an denen nur vereinzelt Häuser stehen. Hier leben nur wenige Menschen, sodass sich die Natur frei entfalten kann.

1.278 Hinter Mørsvikbotn geht es auf einer Länge von 4 km 7 % bergauf.
1.308 🚐 ⛺ Tømmerneset Camping ***
♦ 8260 Innhavet, ☎ 75 77 29 55, FAX 75 77 29 65, ✉ to.ca@online.no, 🚿 ⚡ ▫
  ≋ 🐾, GPS N67°54.378' E15°52.360'

Im Ort **Tømmerneset** an der Abzweigung zur Straße 835 können Sie mit Sicherheit zwei Rentiere sehen, allerdings nur als 5.000 Jahre alte Felszeichnungen. Dahinter folgt der Tømmernesettunnel (712 m).

1.315 Innhavet ⛽ 🍴 ⛴
  Der Ort bietet einen guten Ausblick auf den **Sagfjorden**.
1.319 🚐 ⛺ Notvatn Camping, am Wasser gelegen.

1.322 400 m langer Aufstieg (7 % Steigung), oben gibt es ein Skicenter. Gleich dahinter geht es mit 8 % Gefälle 2,5 km bergab bis auf Meereshöhe.

1.342 **Ulvsvåg** 🅿 🍴

🚐⛺ Ulvsvåg Gjestgiveri, ☎ 75 77 15 73, ✉ post@gjestgiveriet.net,
💻 www.gjestgiveriet.net, 📅 1.5. bis 1.10., GPS N68°7.012' E15°51.933'

1.345 🚐 ⛺ Sørkil-Fjordcamping,
♦ Hamarøy, 8276 Ulvsvåg, ☎ 75 77 16 60, 📅 1.5. bis 1.11., ✉ kontakt@sorkil.no,
💻 www.sorkil.no, GPS 68°7.975' E15°53.830'

1.349 2 km Anstieg mit 8 %.

1.358 **Storjord** 🍴

ℹ direkt am Fjord, ☎ 75 77 53 70.

🐋 Von hier starten Boote zur Walsafari in den **Tysfjord**. Jedes Jahr im Herbst folgen Hunderte Orcas großen Heringsschwärmen in den Fjord.
ℹ Tysfjord Nature Cruise, 8275 Storjord, ☎ 75 77 53 70, FAX 75 77 53 75,
✉ post@tysfjord-turistsenter.no, 💻 www.tysfjord-turistsenter.no.
Die Hauptsaison der Schwertwalsafaris ist von Oktober bis Januar; sie werden aber auch im Juni und Juli angeboten, Erwachsene NOK 1.050.

Anschließend kommt der Ort **Botn**.

1.365 **Bognes** mit den Fähranlegern nach **Skarberget** (E 6) und nach **Lødingen** auf den Vesterålen

ℹ 💻 www.thn.no

⛴ Zwei Fähren pendeln zwischen Bognes und Skarberget. Die Fahrt über den Tysfjord dauert 25 Min. Es ist die einzige Fähre auf der E 6 zwischen Oslo und **Kirkenes**, in der Hochsaison täglich etwa stündlich, Fahrzeuge bis 6 m Länge NOK 199, bis 7 m NOK 241, bis 8 m NOK 283, Erwachsene NOK 38, Kinder NOK 18. In der übrigen Zeit fahren die Fähren nicht ganz so häufig.

♦ Die Überfahrt von Bognes nach **Lødingen** auf die Vesterålen dauert 65 Min., Abfahrt von Bognes in der Hochsaison etwa 12x täglich, in der übrigen Zeit geringfügige Abweichungen, auch am Wochenende, Preis für Fahrzeuge bis 6 m Länge NOK 199, bis 7 m NOK 483, Erwachsene NOK 62, Kinder NOK 31, 💻 www.thn.no

Am Ende des **Hellemofjorden**, einem Seitenarm des Tysfjorden, liegt der Ort **Hellemobotn**. Hier ist Norwegens schmalste Stelle. Von diesem Ort bis zur norwegisch-schwedischen Grenze sind es nur 6 km. Die Berge, die man in Fahrtrichtung sieht, ragen fast 1.000 m von Meereshöhe empor. Zusammen bilden sie eine großartige Silhouette.

Nach Skarberget geht es direkt am Fjord entlang, bis eine 7 %ige Steigung folgt, die nach 6 km den höchsten Punkt mit 255 m erreicht. Die felsigen Gipfel der Berge glitzern auf Grund des herabfließenden Wassers in der Sonne.

1.375 auf 1,5 km geht es 6 % bergab.

Hinter der Abfahrt folgen drei Brücken, die mit kleineren Inseln als Zwischenstationen den **Efjorden** überqueren.

1.381 🏕 Hinter der letzten Brücke (Kjerringstraumen, 550 m lang, ⇧ 18 m) links 10 km zum 🚐 ⚠ Efjord Campingplatz, ☎ 76 92 67 63.
1.387 Skarstad 🚐 ⚠ 🍴. Hier hat eine Gruppe von Künstlern aus 15 Ländern einen Skulpturenpark geschaffen.
1.388 Nach der Fahrt entlang des **Forsahavet**, der Verlängerung des Efjord, kommt der 685 m lange Forsåtunnel. Hinter dem Tunnel geht es kurz bergauf und bergab. Die Landschaft wird wieder sehr grün.
1.398 Ballangen ⛽ 🍴 ✕ ✚ 💡 BANK
ℹ ☎ 76 92 81 15

🚐⚠ Ballangen Camping ****, 8540 Ballangen, ☎ 76 92 76 90, FAX 76 92 76 92, ✉ post@ballangencamping.com, 💻 www.ballangencamping.com, an einem Seitenarm des **Ofotfjorden**, ♦ 🏠 ⚓ 🏊 ≈ ⚓, GPS N68°20.3348' E16°51.476'

FUN In Ballangen und Umgebung wurde Bergbau betrieben. Sie können in den über 500 m tiefen Martinstollen Besøksgruve einfahren und die Welt der Bergarbeiter kennen lernen, 🕐 Di bis Fr 12:00 bis 18:00, So bis 17:00.

Ca. 40 km verläuft die F 6 von Ballangen nach Narvik am Ofotfjord entlang.

1.424 Die 709 m lange Skjombrua
1.431 **Håkvik** 🍴 ✏, um die nächste Bucht **Ankenes** 🍴 ⛽

🏛 Hier können Sie auf den Erzhafen von Narvik, den weltgrößten seiner Art, mit vollautomatischer Entladung der langen Erzzüge blicken.

Blick auf Narvik

An Ankenes schließt sich gleich hinter der Bleisfjordbrua (375 m) der Ort **Fagernes** an, der bis an Narvik heranreicht.

Narvik

- ♦ km 1.440, 21.000 Einwohner
- Narvik Turistkontor, Stasjonsveien 1 (am Bahnhof), 8515 Narvik, ☎ 76 96 56 00, post@destinationnarvik.com, 🖥 www.destinationnarvik.com, Hauptsaison 🕘 Mo bis Fr 10:00 bis 19:00, Sa und So 10:00 bis 15:00
- Narvik Camping, Rombaksveien 75 E-6, 8516 Narvik, ☎ 76 94 58 10, narvikcamping@narvikcamping.com, 🖥 www.narvikcamping.com, am nördlichen Ende der Stadt, ♦ ⛺ 🚿 🏊 ⚓, GPS N68°26.753' E17°27.158'
- Narvik Vandrerhjem Victoria, Dronningensgate 58, Narvik City Center, 8514 Narvik, ☎ 76 96 22 00, FAX 76 96 20 25, narvik@hihostels.no
- Quality Hotel Grand Royal, Kongensgate 64, 8500 Narvik, ☎ 76 97 70 00, q.royal@choice.no, 🖥 www.choicehotels.no
- ♦ Norlandia Narvik Hotell, Skistuaveien 8, ☎ 76 96 48 00, FAX 76 96 48 08, narvik@bestwestern.no, 🖥 www.narvikhotell.no

⌘ Am Kreisverkehr im Zentrum befindet sich das *Nordland Røde Kors Krigsmuseum* in den Torghallen. Es zeigt die Kriegsgeschehnisse des Zweiten Weltkrieges in und um Narvik von 1940 bis 1945 auf, ☎ 76 94 44 26, 🕐 Mo bis Fr 11:00 bis 15:00, ✉ uet@warmuseum.no, 🖥 www.warmuseum.no, Eintritt NOK 75, Kinder NOK 25

◆ Das *Ofotmuseum*, Administrasjonsveien 3, 8514 Narvik, ☎ 76 96 96 50, zeigt den Wandel Narviks vom bäuerlichen zum städtischen Leben. Fischerei und Landwirtschaft, die traditionellen Erwerbszweige auf den Ofoten, werden anhand von Arbeitsgeräten aus der Vergangenheit erklärt, 🕐 Mo bis Fr 10:00 bis 16:00, Sa/So 11:00 bis 15:00, ✉ narvik@museumnord.no, 🖥 ofoten.museum.no bzw. 🖥 www.museumnord-narvik.no, Eintritt NOK 60, Kinder bis 15 frei.

◆ Wichtig für die Stadtentwicklung ist die 1902 eröffnete *Ofotbahn*, eine Schienenverbindung von den schwedischen Erzgruben nach Narvik am Ofotfjorden. Es ist die nördlichste Eisenbahnstrecke der Welt. Da in strengen Wintern der **Bottnische Meerbusen** vor der schwedischen Küste zufriert, transportiert man das Eisenerz von Kiruna und Gällivare über die **Skanden** mit der Ofotbahn nach Norwegen, da hier das warme Wasser des Golfstroms ein Zufrieren des Hafens verhindert. Bis zur schwedischen Grenze kann man Besichtigungsfahrten auf der Ofotbahn unternehmen, Beginn 11:00 und 15:50 am Bahnhof von Narvik, NSB ☎ 76 92 31 21.

◆ Auch der weltgrößte Erzhafen kann besichtigt werden. Führungen beginnen um 13:00 an der Administration der schwedischen Grubengesellschaft LKAB, Bolagsgata 40. Die Tour wird zu Fuß durchgeführt, Erwachsene NOK 40.

🚡 Der Fjellheisen-Berglift fährt zu einem Aussichtspunkt auf 656 m. Hier können Sie Wandertouren starten oder einfach nur der Sonne bei ihrer Wanderung entlang des Horizonts zusehen. Sie geht in diesen Breitengraden zwischen dem 23. Mai und dem 20. Juli nicht unter.

Gleich hinter Narvik wird fleißig an der E6 gearbeitet. Dort werden die Hålogaland Brücke über den Rombaksfjorden sowie zwei Tunnel gebaut. Dadurch verkürzt sich die Strecke zwischen Narvik und Bjerkvik um 16 km. Fertiggestellt werden soll das Projekt 2015. Südlich von Narvik liegt die großartige Gebirgssilhouette „Den sovende Dronning" (Die schlafende Königin). Hinter Narvik verläuft die E 6 bis ins 35 km entfernte **Bjerkvik** am Wasser entlang und passiert die Seitenarme **Rombaken** und **Herjangsfjorden** des Ofotfjorden.

1.454 Rombaksbrua (Länge 765 m, ⇧ 41 m), die Straße bis dorthin ist sehr kurvig und hügelig. Hinter der Brücke Rastplatz mit 🏛

1.458 ✗ auf die E 10 nach Schweden (27 km) zum **Torneträsk-See** im gleichnamigen Nationalpark. Hinter der Kreuzung

🚐△ Hersletta Camping **, Trældal, 8517 Narvik, ☎ 76 95 55 95, FAX 76 94 76 70, ✉ ingo@narvikherslettacamping.no, 🖥 www.narvikherslettacamping.no, 🔆🚿📺📧 🕯, GPS N68°28.318' E17°39.451'

Auf der anderen Seite 🏠
1.464 Øyjord ↪ rechts 2 km zu 🚐 △.
1.465/67 drei 🚐 △
1.473 ↪ auf die E 10 nach **Harstad** und Lødingen.

Bjerkvik ⛽ 🛒 entlang E 6/E 10

Von Bjerkvik können Sie einen Abstecher auf die Vesterålen und Lofoten starten sowie zu den Walsafaris 🐋 in **Stø** und **Andenes** gelangen (☞ Extratouren Nr. 2).

Hinter Bjerkvik geht es bergauf von Meereshöhe auf 334 m hoch bei **Gratangseidet** (km 1.480). Ab hier fahren Sie nun durch den Bezirk Troms.

Die E 6 ist auf den nächsten etwa 80 km sehr angenehm zu fahren. Sie schlängelt sich in einem sachten Auf und Ab durch bewaldete Täler, die von etwa 1.000 m hohen Bergen eingerahmt werden.

1.484 Øse-Turistsenter ☕
1.488 ↪ auf die 825 nach **Harstad**.

Hinter der Abzweigung geht es wieder bergauf. Von weiter oben bietet sich Ihnen ein beeindruckender Ausblick auf den **Gratangsbotn**.

1.495 Ende der Steigung, und es geht ins nächste Tal herunter.
1.498 🚐 △ Lapphaugen Turiststasjon ***
◆   9465 Tennevold, ☎ 77 17 71 27, FAX 77 17 74 00, ✉ postmaster@lapphaugen.no, 🖥 www.lapphaugen.no, 🔆🚿📺📧♨ 🕯, GPS N68°40.760' E17°54.880'

1.501 🚐 △ Fossbakken Veikro & Camping

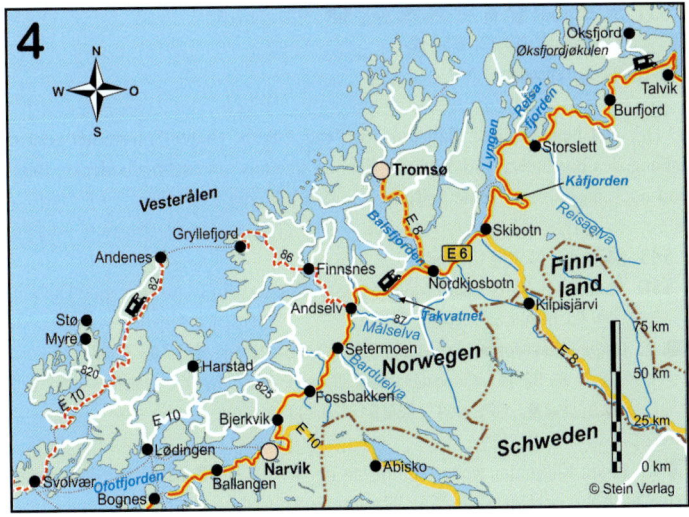

Die E 6 führt gen Norden durch das **Salangsdalen** mit dem **Salangselva**.

1.508 rechts 3 km zum **Polar Park** (ehemals Polar Zoo), dem nördlichsten Raubtierpark der Welt. Luchs, Wolf, Polarfuchs, Moschusochsen, Bären, Vielfraße, Elche und andere Tiere können Sie hier bestaunen.

Polar Park, Salangsdalen, 9360 Bardu, 77 18 66 30, post@polarpark.no, www.polarpark.no, Juni bis August 9:00 bis 18:00, Erwachsene NOK 215, Kinder NOK 125, Kinder unter 3 Jahren frei, von Juni bis August werden die Tiere um 13:00 gefüttert. Eine Fütterungstour dauert etwa 45 Min. mit

Am Abzweig von der E 6 zum Polar Park geht es gleich über eine kleine Brücke. Auf einem kleinen Trampelpfad kommen Sie, dem Fluss folgend, nach 500 m zu einem Wasserfall.

1.509 Solbakken Camping
1.516 Fossing Camping
1.520 Mineralmuseum und Bardu Byggdetun mit , ein Platz mit schönen, rot gestrichenen Häusern mit den typischen grasbewachsenen Dächern.

1.531 Setermoen 🅿 💧 🛒 ✕ ✚ BANK ⚜

ℹ️ Turistsenter, ☏ 77 18 51 50

🚐△ Bardu Turistsenter ♨

Der Ort liegt in einer Gabelung von vier Tälern. Hinter Setermoen geht es entlang des **Barduelva**. Birkenwälder dehnen sich aus, und schneebedeckte Berge sind auch im Sommer keine Seltenheit in den höheren Regionen.

1.543 🚐 △ Nordli Camping

1.550 ↘ auf der Rv 87 zum Målselvfossen-Wasserfall (3 km), der eine Fallhöhe von 15 m hat.

🚐△ Nedre Målselvfossen Feriesenter ****, 9325 Bardufoss, ☏ 77 83 27 30, FAX 77 83 52 44, ✉ post@maalselvfossen.no, 🖥 www.maalselvfossen.no, 💧 🗑 ⚓ ▫ ♨ 🎣, GPS N69°2.068' E18°39.200'

📷 Einen Kilometer weiter kommt an der Rv 87 der **Bardufossen-Wasserfall**. Seine Fallhöhe beträgt 55 m. Die Wassermassen treiben die Turbinen eines Wasserkraftwerkes an.

☺ Auf der Rv 87 können Sie alternativ zur E 6 bis zu ihrem Ende hinter **Nordkjosbotn** fahren. Dort trifft sie wieder auf die E 6. Beide Wege sind mit 76 km gleich lang.

🚐△ Målselvfossen Turistsenter****, Postboks 1059, 9201 Bardufoss, ☏ 77 83 71 90, am Wasserfall, 💧 🏠 ⚓ ▫ ♨ 🎣

1.551 Sundlia 🅿 🛒 ✕ ✚ BANK ⚜

ℹ️ Bardu Turistinformasjon, Postboks 160, 9365 Bardu, ☏ 90 97 56 30, 🖥 www.visitbardu.no

Die Häuser gehen fließend in den Ort **Andselv** über.

1.567 Olsborg 🅿 ✕

ℹ️ Die Serviceeinrichtungen finden Sie 500 m zuvor an der Kreuzung zur Straße 855. Diese Straße müssen Sie auch benutzen, wenn Sie die ☞ Extratour Nr. 2 zur Walsafari in Andenes oder Stø unternehmen möchten.

1.578 🚐 ⛺ Takelvdal Camping
1.585 🚐 ⛺ Takvatn Camping

Am See **Takvatnet** vorbei, der auf einer Höhe von 215 m liegt, geht es weiter aufwärts.

1.589 Rastplatz **Heia** auf 234 m, 🛈 ⛲ 🚻

🛈 Von hier blicken Sie auf den 1.326 m hohen **Mårfjell** und den 1.301 m hohen **Breidtinden** mit Schneefeldern auch im Sommer

1.601 ↰ Rechts 2 km zum 🚐 ⛺ Sagelvvatn Campingplatz.
1.604 ⛽
1.614 🛈 Guter Ausblick über den **Balsfjorden** mit der prächtigen Bergkulisse.

1.617 Nordkjosbotn ⛽ 💧 🔧 🛒 ✕

🚐⛺ Bjørnebo Camping, Sentrumsveien 10, 9049 Nordkjosbotn, ☏ 77 72 81 61,
📅 15.6. bis 5.8., GPS N69°12.983' E19°33.400'

↰ E 8 im Nordkjosbotn Richtung Tromsø, gleich hinter der Kreuzung links
🚐⛺ Sjøvollan Campingplatz.

Zwischen **Bjerkvik** (bei Narvik) und bis kurz vor **Nordkjosbotn** verläuft die E 6 kein einziges Mal an einem Fjord entlang. Vielmehr schlängelt sie sich durch Flusstäler. Entlang dieses Abschnitts haben Sie sehr oft gute Sicht auf hohe Bergketten, die im Schnitt Höhen von über 1.000 m erreichen. Da die Straße ihren höchsten Punkt bei 234 m hat, ragen die Berge um einiges über die Flusstäler hinaus.

Von Nordkjosbotn bis **Alta** (ca. 330 km) geht es mit kurzen Ausnahmen - es müssen einige Bergrücken überwunden werden - nur an Fjorden entlang. Auf dem Hin oder Rückweg sollten Sie den Abstecher über Tromsø auf alle Fälle nehmen, sonst entginge Ihnen z.B. das Planetarium oder das Polaria-Museum (☞ Extratouren Nummer 5).

Hinter Nordkjosbotn geht es durch das **Balsfjordeidet-Tal** (18 km) zum Ende des **Storfjorden**.

Fjordpanorama

✘ In **Kital bru** geht es auf einer kleinen Nebenstraße ins wilde **Signaldal**. Wunderschön ist hier der 1.360 m hohe **Otertinden**, der auch das „Matterhorn der Arktis" genannt wird. Fahren Sie die Straße bis zum Ende bei **Paras**. Dort lassen Sie Ihr Gefährt stehen und unternehmen eine Wanderung ins Dreiländereck Norwegen-Schweden-Finnland. Die Berge um Sie herum erreichen Höhen von über 1.500 m. Mehrtägige Touren sind möglich, da auch hier Wanderhütten zur Verfügung stehen.

1.637 Oteren 🛏

am Ende des Storfjorden. Der Storfjorden ist das schmale Ende des **Lyngen**, den Sie auf den nächsten 130 km auf Ihrer linken Seite haben. Am gegenüberliegenden Ufer, am Westufer des Fjordes, schauen Sie auf die Lyngen-Alpen (Lyngsalpene).

🏔 Mehrere Gletscher sind von der E 6 aus zu sehen, besonders hinter Olderdalen ist der Blick auf das blaue Eis der Gletscher (Bre) beeindruckend, eine wirklich atemberaubende Kulisse.

1.639 rechts ⛽
1.640 Rastplatz mit WC, 🚻
1.646 🚐 ⛺ Slednes Camping direkt am Storfjorden
1.660 ⛽
1.662 ✘ E 8 nach **Kilpisjärvi** in Finnland.

1.664 **Skibotn** 🍴 ✘ BANK ✡
- ☎ 77 71 54 77, FAX 77 71 51 62
- 🚐⛺ Olderelv Camping****, 9143 Skibotn, ☎ 77 71 54 44, FAX 77 71 51 62,
  ✉ firmapost@olderelv.no, 🖥 www.olderelv.no, etwas vor Skibotn,
  🚿 🚻 🏊 ⚓, GPS N69°22.838' N20°17.747'
- ♦ Strandbu Camping, ☎ 77 71 53 40, 🖥 www.strandbu.no

1.671 Larsbergtunnelen, 505 m
1.697 **Manndalen** ⛽ 🍴

Die Straße verläuft jetzt am **Kåfjorden** entlang, einem Seitenarm des Lyngen. Sie sehen Olderdalen und eine mächtige Bergkulisse am gegenüberliegenden Ufer. Hier befindet sich eine Lachszuchtanlage.

1.712 Birtavarre ⛽, am Ende des Kåfjord

🚐⛺ High-North Birtavarre Camping, Boks 462, 9147 Birtavarre, ☎ und FAX 77 71 77 07, ✉ mail@birtavarrecamping.com, 🖥 www.birtavarrecamping.high-north.com, 📅 1.5. bis 15.10., GPS N69°29.447' E20°49.529'

1.730 Olderdalen ⛽ 🍽 ✕ ☕ BANK

ℹ ☎ 94 54 85 44

⛴ Fährverbindung nach **Lyngseidet** und weiter nach Tromsø (☞ Extratouren Nr. 5)

1.750 Djupvik

🚐⛺ Lyngenfjord Camping, 9146 Olderdalen, ☎ 77 71 72 75, 🚿🚻🍴📺🏊🎣

📌 In Djupvik lohnt sich ein kurzer Abstecher an die Landspitze **Spåkenes**, denn von hier aus haben Sie einen herrlichen Blick auf die Gletscher der Lyngen-Alpen.

1.754 Rotsund 🍽

🚐⛺ Rotsundelv Camping, ☎ 77 76 41 24, 📅 1.6. bis 20.8.

Der langgezogene Ort liegt am **Rotsundet**, der die Verbindung zwischen dem **Lyngen** und dem **Reisafjorden** bildet.

1.765 Die E 6 verlässt die Küstenlinie und überquert einen Bergrücken.

1.768 Oben auf dem Hügel gibt es ein Samisk Storecenter 🏛 auf einem Rastplatz.

Auf der folgenden Abfahrt mit einem Gefälle von 9 % bietet sich eine gute Aussicht über einen Teil des Reisafjorden.

1.773 Sørkjosen ⛽ ✕
1.777 Storslett ⛽ 🍽 ✕ 🔧 🏊 BANK

ℹ ☎ 77 76 58 00

Vor der Brücke über den **Reisaelva** geht es links zum 🚐 ⛺ Storslett Camping.

1.791 🚐 ⛺ Sandnes Campingplatz
♦ ☎ 77 76 49 15, am **Straumfjorden**.

✖ Von Storslett lohnt ein Abstecher auf der Straße 865 ins **Reisadalen** entlang des Reisaelva. Es geht durch eine üppige Vegetation bis ins 44 km entfernte **Bilto**. Dort lassen Sie Ihr Fahrzeug stehen und steigen in ein Flussboot, das Sie bis nach **Nedrefoss** bringt. Die Fahrt führt vorbei am **Møllefossen-Wasserfall**, der eine Fallhöhe von 269 m hat. Am Ende der Floßfahrt liegt der **Imofossen-Wasserfall**. Seine Fallhöhe beträgt zwar nur 30 m, doch er ist sehr wasserreich und erzeugt ein lautes Getöse. Beide Wasserfälle liegen im 803 km² umfassenden ✿ **Reisa Nasjonalpark**. In der Nedrefosshytta können Sie übernachten.

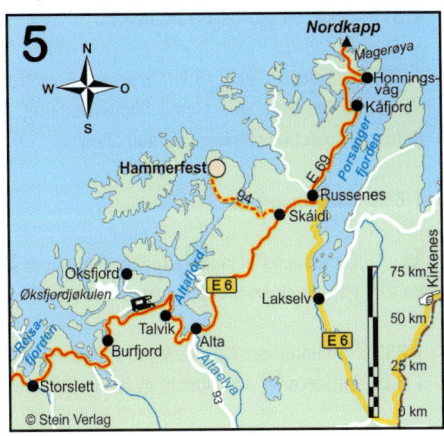

Der Reisaelva ist ein ausgezeichnetes Angelrevier. Angelkarten erhalten Sie an den Touristeninformationen.

- 🛈 Storslett Turistinformasjon, ☏ 77 76 58 00
- ♦ Nord-Troms Reiseliv AS, Hovedveien 2, 9151 Storslett, ☏ 77 77 05 50, FAX 77 77 05 71, ✉ info@halti.no, 🖥 www.halti.no

1.792 🚐 ⛺ Fosselv Camping **

- ♦ Straumfjord, 9151 Storslett, ☏ 91 63 61 93, ✉ bk@fosselv-camping.no, 🖥 www.fosselv-camping.no, 📅 10.5. bis 1.10., ♦ 🏠 🍴 🧺 🏊 ⚓, GPS N69°50.328' E21°12.635'

1.802 Oksfjordhamn

🚐 ⛺ Internatet Camping, wundervoll direkt am **Oksfjorden** gelegen.

Die E 6 verlässt für kurze Zeit die Küste, um über einen Bergrücken an das Ufer des nächsten Fjords zu gelangen.

1.803 🚐 ⛺ Oksfjord Camping am **Oksfjordvatn**

Hinter dem Campingplatz beginnt eine Steigung, die ihren höchsten Punkt bei 402 m erreicht. Es ist zugleich der höchste Punkt der E 6 in Nordnorwegen.

1.813 Gildetun gjestgiveri ✗ ⇌ ⋔

Hinter Gildetun geht es in Serpentinen wieder auf Meereshöhe hinab. In einer der Schleifen liegt eine kleine Samensiedlung, in deren Nähe sich gewöhnlich Rentiere im lichten Birkenwald aufhalten.

1.831 Sørstraumen ⛽ ✗ ▛

↳ Gleich am Ortsanfang rechts 7 km zum 🚐 ⚠ Navitfoss Campingplatz. Im Ort gibt es einen Stellplatz für Wohnmobile.

1.837 ↳ Hinter der Brücke 9 km rechts nach Nordtromshytteferie. 🚐 ⚠
1.839 Baddern ▛, der Ort liegt am gleichnamigen Fjord.

Es geht wieder bergauf. Der höchste Punkt liegt hier bei 270 m. Das ist nicht sehr hoch, doch Sie müssen bedenken, dass die Steigung bei einer Höhe von 0 m beginnt. Gleich hinter dem Pass Rastplatz mit ⋔

1.850 Bereits in der Abfahrt, jetzt durch das **Burfjorddalen**, geht es zum Kåsengård Restaurant ✗.
1.852 Burfjord ⛽ ▛ ✗ ✚ ≋ 🏦

Der Ort liegt am **Burfjorden**, einem Ableger des Kvænagen-Fjords.

1.864 🚐 ⚠ Alteidet Camping **
♦ 9161 Burfjord, ☎ 78 48 75 59, ✉ alteidetcamp@hotmail.com,
◻ 15.6. bis 15.8., ♦ 🚿 🍽 ▣ ≋ 🐕. GPS N70°1.606' E22°5225'

Von hier oben haben Sie einen sehr guten Ausblick über den **Lille Altafjorden** und **Kvænangen.**

↳ In **Alteidet** führt eine kleine Straße links 11 km bis nach **Jøkelfjordeidet** bzw. **Saltnes.** Am Ende der Straße beginnt ein kurzer Wanderweg zum 1.204 m hohen **Øksfjordjøkulen**, dessen Gletscher bis ins Meer reicht. Beobachten Sie hier, wie sich Eisbrocken von der Abbruchkante lösen und mit einem ordentlichen Donnerhall aufs Wasser klatschen. Zum Gletscher **Langfjordjøkulen** führt kein Weg.

🛈 ☏ 77 76 91 62

Die nächsten 7 km bis **Langfjordbotn** führen nicht am Wasser entlang. Es geht durch ein Flusstal auf 70 m hoch. Hier liegt auch die Bezirksgrenze zwischen Troms und Norwegens nördlichstem Bezirk, der **Finnmark**.

1.871 Langfjordbotn ⛽ 🍴

♦ Am Ende des schmalen Langfjorden 🚐 ⛺ Altafjord Campingplatz
☏ 78 43 80 00, ✉ post@altafjord-camping.no, 🖥 www.altafjord-camping.no, die Tankstelle ist um einiges günstiger als in Alta.

Hinter dem Campingplatz macht die Straße einen Linksknick um 90° und ist sehr gut ausgebaut. Es gilt 90 km/h Höchstgeschwindigkeit.

1.901 Links ⛽

Es folgt das Ende der Ausbaustrecke. Die meisten Berge entlang des Fjords erreichen keine 1.000 m mehr. Trotzdem ragen ihre Gipfel über die Baumgrenze hinaus. Je weiter man gen Norden fährt, desto niedriger sinkt die Baumgrenze.

1.904 Isnestoften 🍴

am äußeren Ende des Langfjorden, die Straße macht einen 120°-Knick und verläuft jetzt am Altafjord entlang. Die Stadt **Alta** können Sie bereits am Ende des Fjords sehen, obwohl es bis dorthin noch 45 km sind.

Der Straßenverlauf dorthin ist sehr kurvig und wellig. In den Kurven müssen Sie bei Gegenverkehr aufpassen, da es stellenweise sehr eng ist.

1.914 Talvik 🍴 🏊 🏦

Im Ort können Sie in Rorbus übernachteten. Gleich hinter dem Ort folgt die E6 einem neuen Straßenverlauf: mehrere Tunnel sowie eine Brücke (in und über den Kåfjord) machen diesen bisher doch sehr kurvigen und engen Abschnitt um einiges angenehmer. Da ich die neue Strecke noch nicht fahren konnte, weichen die hier aufgeführten Kilometerangaben etwas von den tatsächlichen ab. Der neue Abschnitt wurde Anfang 2014 fertiggestellt. Die neue Brücke steht ungefähr dort, wo das deutsche Kriegsschiff Tirpitz im 2. Weltkrieg versenkt wurde.

1.934 **Kåfjord** im schmalen Fjord **Kåfjorden**, die E 6 verlässt noch einmal den Altafjorden, bevor sie die Stadt erreicht.

1.938 Hinter der Brücke über das Ende des Kåfjorden 🏠.
Ortsschild von Alta.

Alta

- km 1.954, Zentrum, 12.100 Einwohner
- Visit Alta, Markveien 23-25, 9504 Alta, ☎ 78 44 50 50, ✉ info@visitalta.no, 💻 visitalta.no,
- Infos über Nordnorwegen allgemein erhalten Sie bei Northern Norway, Markedsgata 3, 9504 Alta, ☎ 90 17 75 00, ✉ post@nordnorge.com, 💻 www.nordnorge.com.
- In Alta gibt es drei Campingplätze am **Altaelva** nebeneinander. Sie erreichen sie auf der Straße 93 nach 4 km. Die Anlage nennt sich **Øvre Alta**. An der Straße liegt der Alta Strand Camping und dahinter der Alta River Camping sowie Wisløff Camping.
- Alta Strand Camping ****, Stenfossveien 29, 9518 Alta, ☎ 78 43 40 22, FAX 78 43 42 40, ✉ mail@altacamping.no, 💻 www.altacamping.no, ● 🚿 ⚡ 🍴, GPS N69°55.790' E23°15.590'
- Alta River Camping, Øvre Alta, 9518 Alta, ☎ 78 43 43 53, ✉ post@alta-river-camping.no, 💻 www.alta-river-camping.no, ● 🚿 ⚡ 🍴, GPS N69°55.722' E23°15.773'
- Wisløff Camping, Steinfossveien 25, 9518 Alta, ☎ 78 43 43 03, ✉ lilly@wisloeff.no, 💻 www.wisloeff.no, GPS N69° 55.668' E23°16.008'
- Rica Hotel Alta, Løkkeveien 61, 9509 Alta, ☎ 78 48 27 00, FAX 78 48 27 77, ✉ rica.hotel.alta@rica.no, 💻 www.rica.no
- Best Western Nordlys Hotell Alta, Bekkefaret 3, 9513 Alta, ☎ 78 45 72 00, FAX 78 45 72 01, ✉ post@nordlyshotell.no, 💻 www.nordlyshotell.no.
- Sorrisniva, Sorrisniva 20, 9518 Alta, ☎ 78 43 33 78, ✉ info@sorrisniva.no, 💻 www.sorrisniva.no. Das Hotel liegt außerhalb Altas und hat im Winter eine Besonderheit zu bieten: hier können Sie in einem Iglu-Hotel übernachten, komplett aus Eis erbaut.

Alta ist ein ehemaliger Samen-Handelsplatz und liegt auf 70° nördlicher Breite, sodass die Sonne hier zwischen dem 16. Mai und dem 26. Juli nicht untergeht. Der „Nachteil" dieser Lage ist, dass die Sonne in der Zeit vom 24. November bis zum 18. Januar nicht über dem Horizont auftaucht. Dann ist es möglich, in klaren Winternächten das Nordlicht zu bestaunen.

Alta schmiegt sich an den Altafjord und zieht sich in die Länge: Vom Ortseingangs- bis zum Ortsausgangsschild sind es 16 km.

800 m hinter der Abfahrt auf der 93 in Richtung der Campingplätze kommt eine Esso-Tankstelle mit Entsorgungsstation. Zum Tanken fahren Sie drei Kreisel weiter, dort kommen günstigere Tankstellen. Am zweiten Kreisel geht es rechts ins „neue Zentrum". Hier finden Sie einige Banken mit Geldautomaten und ein Einkaufszentrum sowie weitere Geschäfte und Hotels.

Ausflüge in die Umgebung

Zwei Ausflüge in die Umgebung Altas möchte ich Ihnen nahe legen. Zum einen ist der Besuch von Canyon Huskies, einer Hundeschlittenfarm, lohnenswert. Sie liegt an der Rv 93, nicht weit von den Campingplätzen entfernt. Führungen durch die Farm mit Vorführungen, Reitausflügen und Angeltouren werden angeboten.

- ◆ Canyon Huskies, Stengelsen, 9500 Alta, ☎ 78 43 33 06, FAX 78 43 34 63, 🖥 www.canyonhuskies.no

Zum anderen sollten Sie den **Alta Cañon Sauto** nicht missen. Der größte Canyon Nordeuropas liegt etwa 26 km von Alta entfernt, ebenfalls zu erreichen über die Rv 93. Ein markierter Pfad führt Sie in den Canyon hinein. Informationen erhalten Sie in der Touristeninformation in Alta.

Alta ist auch weltbekannt für seine Schiefergewinnung, so ist z.B. der Fußboden im UN-Gebäude in New York aus dem Alta-Schiefergestein angefertigt worden.

Wie Schiefer abgebaut wird, können Sie in **Pæskatun** erleben. Dort können Sie auch Gesteinsproben unterschiedlicher Materialien aus der Finnmark kaufen und mit nach Hause nehmen.

- ◆ Alta Skiferprodukter, 9518 Alta, ☎ und FAX 78 43 33 45, ✉ peskatun@altaskifer.no, 🖥 www.altaskifer.no

Felszeichnungen im Museum von Alta

Die Felskunst von Alta

Gleich am Ortsanfang liegt die wohl berühmteste Sehenswürdigkeit, das Alta Museum mit seinen Felszeichnungen. 1991 wurde es an dieser Stelle eingerichtet und bereits 1993 erhielt es den „European Museum of the Year-Award".

Die etwa 1.700 Felszeichnungen auf dem Freigelände sind zwischen 2.500 und 6.000 Jahre alt und wurden in die World Heritage-Liste der Unesco aufgenommen. Auf Holzstegen wird der Besucher zu den einzelnen Felsen mit den rot nachgezogenen Zeichnungen geführt. Gehen Sie nicht nur zu den westlichen Zeichnungen, sondern schauen Sie sich auch die östlichen Felsen mit weiteren Zeichnungen an.

Die Felsbilder von Alta sind die größte Sammlung von Felsbildern in Nordeuropa. Sie stehen auf der Liste der Unesco über die wichtigsten Weltkulturgüter, die international besonders erhaltenswerte Kulturdenkmäler umfasst. In **Jiepmaluokta**, so der Name der Fundstelle, gibt es über 2.000 Felsbilder. Die ersten dieser Bilder entdeckte man 1973. Einerseits sind sie einmalig in ihrer Art, andererseits weisen sie auch Gemeinsamkeiten mit anderen Felsbildern Skandinaviens, Kareliens und Russlands auf.

Die Felskunst beinhaltet Figuren, Linien oder Mulden in verschiedenen Formen, Größen und mit unterschiedlicher Herstellungszeit. Sie wurden entweder in Felsen oder Steinblöcke graviert, geschliffen, gekerbt oder auch gemalt. Die Figuren von Jiepmaluokta sind in den Felsen graviert. Hierzu wurde ein Meißel aus hartem Gestein (Quarzit) verwendet, auf den mit einer Keule oder einem Stein geschlagen wurde.

Bei der genauen Bestimmung des Entstehungszeitraumes der Felsbilder sind sich die Archäologen noch nicht ganz sicher. Sie teilen die Bilder in unterschiedliche Phasen ein: Die ältesten sollen 4.200-3.600 v. Chr. und die jüngsten 1.700-500 v. Chr. entstanden sein.

Die Figuren der Felsbilder können als Zeichen, als einzelne Worte oder als mehrere Zeichen einer Gesamtheit betrachtet werden. Wörter sind oftmals mehrdeutig. Kombiniert man sie jedoch zu Sätzen, erhalten sie einen eindeutigen Sinn. So kann es sein, dass auch Felsfiguren unterschiedliche Bedeutungen haben, je nachdem, in welchem Zusammenhang sie dargestellt wurden. Da zwischen der Entstehung der einzelnen Felsbild-Felder mehrere Jahrhunderte liegen, muss man die einzelnen Felder unterschiedlich beurteilen. Aus welchem Grund die Felsbilder angefertigt wurden, ist noch nicht ganz geklärt.

In den Museumsräumen wird auf zwei Etagen über Alta als Treffpunkt verschiedener Völkergruppen auf dem nordeuropäischen Festland nördlich des Polarkreises und als Tor zur Finnmark informiert.

⌘ Alta Museum - World Heritage Rock Art Centre, Altaveien 19, 9518 Alta, ☏ 41 75 63 30, FAX 78 45 63 50, ✉ post@altamuseum.no, 🖥 www.alta.museum.no. Eintrittspreise: Erwachsene NOK 95, Kinder 7-16 Jahre NOK 25. Im Eintrittspreis sind sowohl der Besuch der Felszeichnungen als auch die Ausstellung enthalten. 🕐 in der Hochsaison, 1.6. bis 31.8. 8:00 bis 20:00. Damit hat das Alta Museum die längsten Sommeröffnungszeiten eines Museums in der Welt. Sehr schön.

Hinter Alta verläuft die E 6 nur kurz am Altafjord entlang, um dann erst nach 90 Kilometern wieder einen Fjord zu erreichen. Die Berge in diesem Bereich sind fast alle zwischen 500 und 600 m hoch. Die Straße hat bei km 1.992 den höchsten Punkt mit 385 m.

Der Blick kann in dieser Ebene sehr weit schweifen, da kein Baum oder hochwachsende Sträucher die Sicht verdecken. Wenn es bewölkt ist, glaubt man, die Wolken greifen zu können, so tief ziehen sie über die Tundra.

1.965 🚐 ⛺ Solvang Camping **

◆ Boks 1280, 9505 Alta, ☎ 78 43 04 77, 📧 post@solvangcamping.no, 🌐 www.solvangcamping.no, 📅 1.6 bis 30.8., 🚿🏠♨️🏊🐕, GPS N69°58.733' E23°28.090'

1.972 Rafsbotn 🛒

Ab hier steigt die Straße bis auf 250 m an.

1.978 Sarves ⇧ 250 m 🏛

Es geht bis zum Leirbotnvatnet bergab, um dann im **Stokkedalen** wieder anzusteigen.

1.992 Sennalandet, hier ist der höchste Punkt erreicht. In dieser „Hochebene" wachsen nur noch kleine Sträucher und Moose.

2.020 Es beginnt wieder ein Waldgebiet, allerdings sind die Bäume nicht von hohem Wuchs. Die Straße verläuft nun am sehr fischreichen **Repparfjordelva** (Lachs) entlang. Immer wieder sieht man Angler in voller Montur im Wasser stehen.

Der Reppafjordelva zieht seinen Bahnen durch das enge **Breidal**, dem auch die E 6 folgt. Gen Norden öffnet sich das Tal bis nach Skáidi.

2.039 Skáidi ⛽ ✕ 🏛

ℹ️ ☎ 78 41 62 80

↪ In Skáidi links auf der Straße 94 nach Hammerfest (☞ Extratouren Nr. 6). Nach 5 km auf der 94 folgt 🚐 ⛺. Skáidi war und ist ein Lager der Samen mit Weideland für ihre Rentiere. Eine samische Kapelle wurde hier errichtet. Der Ort liegt in einem idyllischen Tal voller Birken. Ringsherum schließt sich ein hügeliges Fjell an. Hammerfest- und Alta-Einwohner haben sich in Skáidi in einer größeren Wochenendhaussiedlung einen Zufluchtsort vom stressigen Stadtleben geschaffen.

Die E 6 verläuft hinter Skáidi auf einem Damm, damit der Wind den Schnee wegblasen kann, der in dieser Region im Winter in größeren Mengen niedergeht. Die Berge ringsherum ragen nicht über 500 m hinaus.

2.046 Hatterhöhe, 238 m, es wachsen Sträucher und Krüppelbäume.
2.062 Olderdalen 🚐 ⛺
2.063 ✗ E 6/E 69

Für alle Nordkap-Fahrer endet hier die Fahrt auf der E 6, die über **Lakselv** rechts abzweigt und bis ins 416 km entfernte **Kirkenes** führt. Die Straße zur Insel **Magerøya**, an dessen Nordzipfel der Nordkapfelsen liegt, heißt jetzt E 69. Gleich hinter der Kreuzung 🅿 ✗ 🚐.

🚐⛺ Olderfjord Hotell, Russenes Camping AS, Boks 53, 9713 Russenes, ☎ 78 46 37 11, FAX 78 46 37 91, ✉ post@olderfjord.no, 🖥 www.olderfjord.no, direkt am **Olderdalfjorden**, einem kleinen Seitenarm des großen **Porsangerfjorden**. 💧🚿🍴🏪🎣, GPS N70°28.722' E255°4.008'

2.070 Solberg 🍴

Ab hier geht es etwa 65 km direkt am Porsangerfjorden entlang. Stellenweise ragen links der E 69 die Berge steil bergauf und kommen dabei so dicht an den Fjord heran, dass die Straße durch Tunnel geführt werden muss.

2.080 🏪 und frisch geräucherter Lachs sowie Lachsbrötchen, passend zum Sekt, falls Sie eine Flasche zum Nordkap mitgenommen haben.
2.083 Der Skarvbergtunnelen (2.980 m), die Straße ist kurvig und stellenweise sehr eng. ✋ Vorsicht bei Gegenverkehr!

2.086 Am Ende eines kleinen Seitenarms folgt ein Rastplatz mit 🏪
2.092 Sortviktunnelen (496 m)

2.108 ↳ nach **Repvåg**.
🚐⛺ Repvåg Camping og Kafe, 9768 Repvåg, ☎ 78 47 54 31, 🖥 www.repvog.no, 🚿🍴🏪, GPS N70°44.430' E25°39.537'

2.131 ↳ Hinter einer kleinen Bergkuppe links nach **Kåfjord**. Von dort legten bis zum 15. Juni 1999 die Fähren nach **Honningsvåg** ab. Doch lange Wartezeiten sind jetzt vorbei, denn der Nordkapptunnelen ermöglicht die Fahrt mit dem Auto auf die Insel Magerøya.

2.138 Sie stehen vor dem Eingang des längsten Unterwasser-Straßentunnels der Welt. Er verbindet auf einer Länge von 6.870 m das norwegische Festland mit der Insel Magerøya und trägt den Namen „Fatima". Er führt unter dem 3,5 km breiten **Magerøysundet** hindurch, wobei er eine maximale Tiefe von 212 m erreicht. In der Röhre beträgt das Gefälle bzw. die Steigung etwa 10 %.

✋ Zu diesem Tunnel gibt es keine Alternative. Radfahrer dürfen ihn ebenfalls benutzen. Sie sollten allerdings einen Atemschutz mitnehmen, da sie sich mindestens eine halbe Stunde lang in der Röhre aufhalten müssen.

2.145 520 m lange Kobbholet bru und anschließend der 190 m lange Sanestunnel.

2.153 Honningsvågtunnelen (4.440 m)

2.156 ↪ Honningsvåg-Zentrum

2.158 Honningsvåg 🏪 ✓ ✚ 🏊 BANK ✕ 🛏 ☕

Ungefähr 3.000 der 3.700 Einwohner der Gemeinde Nordkap wohnen in Honningsvåg.

- ℹ️ Nordkapp Reiseliv AS, Fiskeriveien 4D, 9750 Honningsvåg, ☏ 78 47 70 30, 🕐 Hochsaison Mo-Fr 8:00-20:00, Sa, So 12:00-18:00.
  ✉ info@northcape.no, 💻 www.nordkapp.no
- 🛏 Rica Bryggen Hotel, Vågen 1, 9750 Honningsvåg, ☏ 78 47 72 50,
  ✉ rica.bryggen.hotel@rica.no, 💻 www.rica-hotels.com
- ♦ Honningsvåg Brygge AS, Vågen 1 A, 9751 Honningsvåg, ☏ 78 47 64 64,
  FAX 78 47 64 65, ✉ post@hvg.brygge.no, 💻 www.hvg-brygge.no
- ♦ Nordkapp Vandrerhjem, Kobbhullveien 10, 9750 Honningsvåg, ☏ 91 82 41 56,
  ✉ nina.oterhals@hordafor.no, 💻 booking.com, 💻 Hotels.com oder
  💻 www.nordkapp.no/en/services/accommodation/item/nordkapp-vandrerhjem
- ♦ Northcape Guesthouse, Øvergata 10, 9570 Honningsvag, ☏ 92 82 33 71, 47 25 50 63, ✉ post@northcapeguesthouse.com, 💻 www.northcapeguesthouse.com

2.166 🚐 ⛺ Nordkapp Camping****
- ♦ Skipsfjord, ☏ 78 47 33 77, FAX 78 47 11 77, ✉ post@nordkappcamping.no,
  💻 www.nordkappcamping.no, 🕐 1.5. bis 1.10., 🚿 🏕 🛒 🏊 ⚓,
  GPS N71°01.644' E25°53.386'

🛏 Rica Hotel Nordkapp, Skipsfjorden, 9750 Honningsvåg, ☎ 78 47 72 60, FAX 78 47 72 61, hinter dem Campingplatz, , ✉ rica.hotel.nordkapp@rica.no
🖥 www.rica-hotels.com/hotels/honningsvag/rica-hotel-nordkapp

Hinter dem Hotel geht es eine 9 %ige Steigung hinauf.

2.167 ↳ 2 km nach **Havstua** 🍴 ☕

Die E 69 auf der Insel Magerøya hinter dem Campingplatz ist sehr kurvenreich und hügelig. Stellenweise fahren Sie direkt an den Berggipfeln entlang und müssen aufpassen, dass Sie der oftmals kräftige Wind nicht von der Straße weht. Für Wohnwagengespanne kann es sehr gefährlich werden.

Auf der Insel wachsen nur an einer Stelle Bäume (nördlichster Birkenwald der Welt bei Gjesvær), ansonsten schaffen es nur Gräser und Moose in diesem rauen Klima zu gedeihen. Für Rentiere sind die Bedingungen ausreichend. Hier werden sie nicht von Mückenschwärmen belästigt.

2.173 ↳ Links nach **Gjesvær** (21 km).

☺ Hier sollten Sie eine Vogelsafari unternehmen. Es ist eine der schönsten in Norwegen! Papageitaucher, Austernfischer, Lummen, Seeadler, ... nur 10 Fahrminuten mit dem Boot vom Hafen entfernt.

Austernfischer

- BirdSafari, 9765 Gjesvær, ☎ 78 47 57 73, FAX 78 47 57 07,
  olat@birdsafari.com, www.birdsafari.com, 10.6. bis 10.8. Mo bis Sa 10:00, 12:45 und 15:00, So 12:45 und 15:00. Es werden auch Unterkünfte angeboten.
- Restaurant Stappan, Kobbenesveien 8, 9765 Gjesvær, ☎ 78 47 57 80,
  ro71no@stappan.no, www.stappan.no
- Gjesvær Turistsenter, ☎ 78 47 57 73

2.180 Midnattsol Camping
- ☎ 78 47 52 13, 20.5. bis 15.9., direkt an der Gabelung, geradeaus 2 km nach **Skarsvåg**. In dem Fischerort liegt der nördlichste Campingplatz der Welt mit den Koordinaten 71°6'50".
- Kirkeporten Camping ****, Boks 22, 9763 Skarsvåg, ☎ 78 47 52 33, FAX 78 47 52 47, 20.5. bis 31.8.,
- Mini Price Motellet, 9763 Skarsvåg, ☎ 78 47 52 48, FAX 78 47 23 80,
  post@minimotellet.no, www.minimotellet.no
- Nordkapp Turisthotell, 9763 Skarsvåg, ☎ 78 47 52 67, FAX 78 47 52 10,
  booking@nordkappturisthotell.no, www.nordkappturisthotell.no

2.182

2.190 Nordkap - das Ende der Straße!

Das Nordkap

- Nordkapphallen, 9764 Nordkapp, ☎ 78 47 68 60, FAX 78 47 68 61,
  booking.nordkapphallen@rica.no, www.rica.no, Mitte Mai bis Mitte August 11:00 bis 1:00, in der übrigen Zeit nur bis 22:00 bzw. 15:00, Eintrittspreise: Erwachsene NOK 245, für Kinder unter 15 Jahren NOK 85, Familie (2 Erw. und 2 Kinder) NOK 575, das Ticket ist 48 Stunden gültig. Im Preis sind das Parken, der Besuch des Nordkap-Panoramafilms sowie die Nutzung aller Einrichtungen enthalten.
  Für eine reduzierte Nutzung der von der schwedischen Hotelkette Rica geführten Nordkap-Anlage gelten folgende Preise: Erwachsene NOK 160, für Kinder unter 15 Jahren NOK 50, Familie (2 Erw. und 2 Kinder) NOK 370. Dieses Ticket ist nur 12 Stunden gültig und beinhaltet nicht den Besuch des Nordkap-Panoramafilms, der Historischen Ausstellung und der Grotten.

Das Ziel der Reise ist erreicht

71°10'21"! Das sind die Koordinaten des „nördlichsten Aussichtspunktes Europas". So wird es zumindest den Besuchern angepriesen, doch etwas westlich der 307 m hohen Klippen liegt auf den Koordinaten 71°11'48" **Knivskjelodden**. Tatsächlich ist Knivskjelodden der wahre nördlichste Punkt des europäischen Festlands. Weil seine Klippen allerdings nicht so spektakulär in die Tiefe abfallen wie das Nordkap, ist Knivskjelodden nicht so berühmt geworden.

Links vor der Nordkaphalle liegt der große Parkplatz, auf dem zur Hauptreisezeit Hunderte von Wohnmobilen und Wohnwagengespannen stehen. Von der ersten Reihe des Platzes aus können Sie das Schauspiel der Mitternachtssonne am besten beobachten. Leider müssen Sie das Eintrittsgeld auch bezahlen, wenn Sie vom Parkplatz aus nur die Sonne sehen wollen. Begehrt ist ein Platz ganz links in der ersten Reihe. Dort hat man freien Blick auf das Meer und die Sonne.

☹ Nach einer Fahrt von fast 2.200 km, auf der man erlebt hat, wie naturverbunden die Norweger sind und wie gerne sie andere daran teilhaben lassen, kann ich meine Enttäuschung über den „Eintrittspreis" zur Sonne kaum verbergen. Den Norwegern ist es ein Dorn im Auge, dass ein schwedisches Unternehmen die Nordkaphallen führt.

Man braucht schon ein wenig Glück, um auch zur Mitternachtszeit die Sonne zu sehen und ihren Verlauf oberhalb des Horizonts zu verfolgen. Wenn Sie Pech mit dem Wetter haben, kann es passieren, dass Sie der Wind so heftig durchschüttelt, dass Sie freiwillig Ihren Panoramaplatz aufgeben und Schutz hinter anderen Wohnmobilen suchen werden.

In der Nordkaphalle lohnt der Besuch der sehr gut gemachten Multivisionsshow mit Rundumleinwand (250 Sitzplätze). Der große Souvenirshop bietet von Postkarten bis zu Kleidung und Glaskunst alles, was das Souvenirjäger-Herz begehrt.

Wenn Sie am Kinosaal im Untergeschoss vorbeigehen, gelangen Sie unterirdisch zu den „**Historischen Nischen**" mit ihren dreidimensionalen Tableaus, die die Geschichte des Nordkaps veranschaulichen. In diesem Gang befindet sich auch die St. Johannes Kapelle, eine kleine Kapelle, die in blauem Licht erstrahlt. Sie bietet Ruhe und Besinnung zwischen all den Menschen und dem Trubel.

Weiter den Tunnel entlang finden Sie das **thailändische Museum**. Zur Erinnerung an den Nordkap-Besuch von König Chulalongkorn von Siam (heute Thailand) 1907 wurde es 1989 eingerichtet.

Am Ende des Tunnels befindet sich die **Grotten-Bar**. Mit vielen Lichteffekten wird hier eine interessante Atmosphäre geschaffen. In dieser wunderbaren Atmosphäre können Sie mit Champagner und arktischem Kaviar Ihre Ankunft am Nordkap feiern.

Unterhalb der weißen Kugel auf dem Dach der Nordkaphalle liegt die **Suite 70°10'21"**, eine Hochzeitssuite mit besonderem Ambiente und einer fantastischen Aussicht auf das Nordkap. Hier können Sie den Begriff „Hochzeitsnacht" neu definieren! Getraut werden Sie in der St. Johannes-Kapelle, der nördlichsten ökumenischen Kapelle der Welt. Eine Nacht in der Suite kostet NOK 3.500 (bei Voranmeldung). Ad hoc gebucht zahlt man nur NOK 1.900.

i am Infotresen in der Nordkaphalle oder unter ☏ 78 47 68 60, FAX 78 47 68 61, ✉ nordkapphallen@rica.no, 🖥 www.nordkapp.no.

Wenn große Luxusliner im Hafen von Honningsvåg anlegen und die Reisegesellschaften mit Bussen zum Kap gefahren werden, ist die Nordkaphalle sehr voll. Bis zu 100 Busse sind keine Seltenheit. Zusammen mit den übrigen Touristen entwickelt sich ein sehr lebhaftes Treiben, das vielleicht nicht jedem gefällt. Wer in Ruhe und für sich allein die Mitternachtssonne genießen will, sollte das Nordkap meiden. Kostenlos bieten sich hierfür Hunderte Kilometer norwegischer Küstenlinie oberhalb des Polarkreises an.

Die Natur auf Magerøya ist sehr empfindlich. Nur kleinere Pflanzen schaffen es zu überleben. Jede Irritation durch den Menschen erfordert viel Zeit für die Regeneration. Pflanzen, die von Schuhsohlen oder Autoreifen platt gedrückt werden, benötigen mehrere Jahre, um sich wieder aufzurichten.

Auf dem Nordkap-Felsen befindet sich das **Denkmal „Kinder der Erde"**, das gemeinsam von sieben Kindern aus allen Erdteilen gestaltet wurde. Die Reliefs symbolisieren Hoffnung, Freude und Zusammenarbeit über alle Grenzen hinweg.

Seit der Errichtung 1989 bilden die Skulpturen mit der Nordkaphalle den Rahmen für die jährliche Verleihung des „Kinder und Erde-Preises". Der Geldpreis wird an eine Organisation oder ein Projekt zur Verbesserung der Lebensbedingungen von Kindern vergeben.

Außerdem können Sie sich unterhalb der **Weltkugel** aus Stahl direkt an der Klippe fotografieren lassen und Mitglied im Nordkap-Klub werden. Die Mitgliedschaft im Royal North Cape Club kostet NOK 175. Dafür haben Sie dann lebenslang freien Eintritt am Nordkap. Die Mitgliedschaft kann nur durch persönliches Erscheinen am Nordkap erworben werden. Weitere Infos erhalten Sie an der Rezeption in den Nordkaphallen.

Nun sind Sie am Ende Europas angekommen und müssen wieder zurück. Damit auch die Rückfahrt ein Erlebnis wird, beschreibe ich im nächsten Kapitel sechs Extratouren, die Sie ohne große Umwege über die E 6 erreichen können.

Grenzverkehr

Nicht jeder möchte die E6 auf dem Hin- und Rückweg fahren, sondern sucht Alternativen, um noch mehr Abwechslung in seine Skandinavien-Tour zu bekommen. Oder er sucht eine schnellere Verbindung hoch oder wieder zurück vom Nordkap. Neben den beschriebenen „Extratouren" bieten auch einige sehr schöne Touren über Schweden eine lohnende Abwechslung. In Schweden gibt es einmal den Inlandsvägen, die E45 oder die E4/E10 von Trelleborg über Stockholm, die in Nord-Süd-Richtung verlaufen.

Für den Conrad Stein Verlag habe ich den Reiseführer „Schweden: Inlandsvägen" geschrieben. Zusammen mit dem Nordkap-Routenbuch können Sie sich so wunderbaren Touren/Rundreisen zusammenstellen.

Ich gebe Ihnen hier einmal die Kilometerangaben von Süd nach Nord auf der E6 an, bei denen sich ein Abstecher nach Schweden lohnt, um z.B. schneller voranzukommen.

Km 580 Størdal: In Størdal geht es auf der E14 160 km bis nach Östersund am Inlandsvägen. Führt die Straße auf norwegischer Seite stellenweise recht steil bergauf, geht es in Schweden erst wellig und dann angenehm bis Östersund bergab. Sie passieren auf dem Weg Schwedens bekanntesten Skiort: Åre.

Km 736 Bjørgan: Hier fahren Sie auf der Straße 74 knapp 100 km bis zur schwedischen Grenze. Sie gelangen in den Ort Gäddede, von wo aus Sie auf der Straße 342 links weg ins Fjell gelangen. Es ist der Vildmarksvägen, der Sie auf über 1.000 m hoch hinaus bringt. Eine spektakuläre Strecke, die zwar nicht zum schnellen Vorankommen geeignet, aber landschaftlich ein absolutes Highlight ist.

Km 1.030 Mo i Rana: Von Mo i Rana nach Storuman am Inlandsvägen in Schweden sind es 235 km. Die 32 km bis zur schwedischen Grenze geht es heftig bergauf. Danach geht es auf der E12 (Blå Vägen) auf exzellent ausgebauter Straße über Tärnaby (einer der bekanntesten Skiorte in Schweden) hinunter zum Inlandsvägen. Eine landschaftlich sehr schöne Strecke!

Km 1.458: Hinter Narvik geht es auf der E10 knapp 30 km bergauf zur schwedischen Grenze und von dort weiter am Torneträsk-See und dem Abisko-Nationalpark vorbei nach Kiruna (224 km). Auch dieses ist eine exzellent ausgebaute Straße, die Sie durch das schwedische Fjell führt.

Km 1.662 (kurz vor Skibotn): Hier geht es auf der E8 knapp 50 km bergauf zur finnischen Grenze und weiter nach Kilpisjärvi in Finnland. Bis zum Grenzübergang nach Schweden bei Karesuando sind es insgesamt 160 km. Finnland lohnt zum Auftanken. Der Treibstoff sowie Lebensmittel sind hier um einiges günstiger als in Norwegen oder Schweden. Und sie haben den Euro!

Km 1.954 Alta: Wenn Sie in Alta auf die Straße 93 fahren (vorbei an den Campingplätzen), fahren Sie die direkteste Verbindung vom Nordkap Richtung Süden. Da es auch hier hinter dem Ort Kautokeino wieder durch Finnland geht, können Sie noch einmal günstig tanken (in der Ortschaft Enontekiö oder an der finnisch-schwedischen Grenze in Kaaresuvanto). Der Weg bis dorthin ist 276 km lang und führt Sie durch das Land der Samen, durch Lappland.

> Weitere Informationen über diese Querverbindungen von Norwegen nach Schweden zum Inlandsvägen finden Sie im OutdoorHandbuch Band 322, **Schweden: Inlandsvägen**, ISBN 978-3-86686-389-7, € 12,90.

Extratouren

Preikestolen oberhalb des Lysefjord

Außer den Sehenswürdigkeiten entlang der E 6 gibt es noch sehr viel mehr zu entdecken. Die Abstecher sollen Ihnen Appetit auf mehr Norwegen machen.

▷ 1. Von Otta zum Dach Norwegens - ins **Jotunheimen**
▷ 2. Pottwalsafaris - **Stø** und **Andenes** auf den **Vesterålen**
▷ 3. Die Küstenstraße **Rv 17**
▷ 4. Gletscher und Grotten - **Svartisengletscher** und **Grønligrotta**
▷ 5. Das „Tor zur Arktis" - **Tromsø**
▷ 6. Die nördlichste Stadt der Welt - **Hammerfest**

Anreisevariante

Die Hauptschlagader Norwegens ist zweifelsohne die Europastraße E 6 zwischen Oslo und Kirkenes. Da die E 6 nicht durch das landschaftlich spektakuläre Fjordgebiet führt, möchte ich Ihnen eine weitere Einreisemöglichkeit vorschlagen, mit der Sie Ihre Fahrt ergänzen können, um bei Trondheim auf die E 6 zu treffen. Die Fahrt beginnt in der Hafenstadt Stavanger, führt Sie zur Felsenkanzel von Preikestolen, Sie unternehmen eine der schönsten Fährfahrten - von Gudvangen nach Kaupanger - vorbei an den Gletschern des Folgefonna und Jostedalsbreen. Bei einer Fahrt durch das Fjordgebiet darf eine Fährfahrt durch den Geirangerfjord und über den Trollstigen nicht fehlen. Über Åndalsnes und Molde geht es weiter nach Trondheim. Nach etwa 1.100 km erreichen Sie Trondheim. Der direkte Weg von Oslo nach Trondheim ist 525 km lang.

Nach der schönen Überfahrt mit der Fjordline-Fähre von Hirtshals nach Stavanger und einem Besuch der Hafenstadt geht es weiter zum ersten Highlight im Fjordgebiet. Über die E39 und „13" geht es nach der Fährfahrt Lauvvik - Oanes 15 km bis zum Preikestolen Campingplatz. Von hier beginnt eine wundervolle Wanderung zur berühmten Felskanzel Preikestolen.

Preikestolen (norw. Predigerstuhl, Kanzel)

Eine ca. 25 x 25 m große Felsplatte ragt 604 m über den Lysefjord senkrecht empor. Auf einer 3,8 km langen Wanderung müssen Sie knapp 300 Höhenmeter überwinden (von der Preikestolenhytta aus). Planen Sie pro Strecke etwa 2 Stunden ein, da es stellenweise steil aufwärts geht. Der Ausblick von der Kanzel über den knapp 40 km langen Lysefjord ist unglaublich. Die Mutigen robben bis an die Kante des Plateaus heran. Schwindelfrei sein ist dabei Pflicht!

⛺ Preikestolen Camping, Preikestolen vn 97, 4100 Jørpeland, ☎ 48 19 39 50,
✉ info@preikestolencamping.com, 🖥 www.preikestolencamping.com,
GPS N58°59.953' E6°5.545'

Låtefossen im Grønsdalslona-Tal

Vom Preikestolen-Camping geht es weiter auf der „13" bis nach Sand. Dort sollten sie die „13" verlassen und die Fähre Sand - Ropeid nehmen. Dort fahren Sie auf die „520", eine der „Nasjonale turistveger" (Nationale Touristenstraße) in Norwegen. Auf dieser landschaftlich absolut reizvollen Straße geht es bis auf 880 m hoch. Wieder auf der „13" geht es vorbei an dem spektakulären Doppelwasserfall Låtefossen. Am Ortsanfang von Odda lohnt ein Abstecher in das Buerdalen. Vom Talende blicken Sie auf einen Gletscher des Folgefonna-Eisfeldes. Mehrere Wanderwege starten hier. Odda liegt am Ende des Sørfjorden, einem Seitenarm des Hardangerfjords. Hinter dem Ort geht es am rechten Ufer des Sørfjorden weiter auf der „13" bis zum Hardangerfjord, wo die Straße auf die E7 trifft. Und hier geht es nun durch Tunnel und die neue Hardanger-Brücke über den Fjord weiter Richtung Granvin und Voss. Hier dann auf der E16/"13" weiter rechts weg durch das Tal des Strondaelva. Am Anfang des Tales liegt der Tvindefossen-Wasserfall, dessen Wasser 152 m in die Tiefe stürzt.

Auf der E16 weiter Richtung Flåm geht es bergauf aus dem Tal hinaus (Höhe 350 m). Es geht danach sachte hinunter durch das wunderschöne Nærøydalen. An seinem Ende können Sie von Gudvangen aus eine atemberaubende Fährfahrt unternehmen. Es geht durch den zum UNESCO-Weltkulturerbe gehörenden Nærøyfjorden. Er zählt zu den schönsten des Landes, und das soll was heißen, bei der Vielzahl an norwegischen Fjorden! Es gibt zwei Möglichkeiten für diese traumhafte Tour: für die direkte Weiterfahrt ist die 2-stündige Fahrt von Gudvangen nach Kaupanger durch den Nærøy-, Aurlands- und Sognefjord die richtige Lösung. Alternativ können Sie die Fähre Gudvangen - Flåm nehmen. Von Flåm aus (eine Anlaufstelle für viele Kreuzfahrtschiffe) können Sie über den Nasjonale turistveger auf über 1.300 m hoch über das Aurlandsfjellet nach Lærdal fahren. Eine Fahrt mit spektakulären Aussichtspunkten und Schneefeldern, die auch im Sommer zu einer Schneeballschlacht einladen.

Tunnelfans fahren allerdings nicht mit der Fähre von Gudvangen nach Kaupanger, sondern weiter auf der E 16 erst durch den 12,5 km langen Gudvangentunnel und danach durch den 24,5 km langen Lærdalstunnel (der längste Straßen-

Fähre im Nærøyfjord bei Gudvangen

tunnel der Welt). Nach dem noch folgenden 7 km langen Fodnestunnel bleibt Ihnen aber eine kurze Fährfahrt von Fodnes nach Mannheller nicht erspart. Von dort sind es 8 km bis Kaupanger.

Infos über die Fjorde Norwegen gibt es auf der sehr informativen Internetseite 🖥 www.fjords.com.

Gleich hinter dem Fähranleger steht die Stabkirche von Kaupanger. Der Campingplatz von Kjørnes (9 km) am Sognefjord ist ein wunderbarer Platz zum Rasten, um am folgenden Tag einen Abstecher zu den Gletschern des Jostedalsbreen zu unternehmen.

🚐⛺ Kjørnes Camping, ☎ 57 67 45 80, ✉ camping@kjoernes.no,
 🖥 www.kjoernes.no, GPS N61°12.596' E7°7.248'

Es gibt mehrere Möglichkeiten, an die Gletscher des Jostedalsbreen zu gelangen. Biegen Sie hierzu in Sogndalsfjøra auf die Rv 55. In Hafslo (km 12) bzw. in Gaupne (km 25) führen Wege in die Nähe der Gletscherarme heran.

Jostedalsbreen

Es ist das größte Eisfeld auf dem europäischen Festland (📷 Seite 82). Eine geführte Gletscherwanderung ist ein sagenhaftes Erlebnis. Das Eisfeld ist im 1.310 km^2 großen Jostedalsbreen Nationalpark geschützt. Die Eisfläche liegt auf einer Höhe zwischen 1.600 und 1.900 Metern. Die Eisschicht ist bis zu 500 m dick. Größere Gletscher in Europa findet man nur auf Island, Spitzbergen und Nowaja Semlja.

Von Sogndal geht es auf der RV 5 weiter durch schöne Täler und einige Tunnel an das Ende des Fjærlandsfjorden. Der Blick auf eine spektakuläre Bergwelt erwartet Sie. Hier lohnt der Besuch des Norsk Bremuseum (Norwegisches Gletschermuseum). Da Museum informiert über Gletscher im Allgemeinen und die norwegischen im Speziellen.

⌘ Norsk Bremuseum, ☎ 57 69 32 88, ✉ post@bre.museum.no,
 🖥 www.bre.museum.no,

Gleich hinter dem Museum liegt der
🚐⛺ Bøyun Camping, 6848 Fjærland, ☎ 57 69 32 52, ✉ kfodne@frisurf.no,
 🖥 www.fjaerland.org.boyumcamping, GPS N61°25.655' E6°45.727'

Am Ende des Tals, vor dem Fjærlandtunnel, geht es rechts auf einen schönen Stellplatz nahe dem Gletschersee Brevatnet. Oberhalb des Sees sehen Sie an einer steilen Felswand die Ausläufer des Bøyabreen (Gletscher).

Der RV 5 folgen Sie bis Skei, wo es rechts auf die E39 durch das schmale Våtedalen bis nach Byrkjelo geht. Hier fahren Sie auf die „60" bergauf über eine Bergkette hinüber zum Invikfjorden. Über Olden und Loen geht es auf der schmalen Straße bis nach Stryn, wo Sie weiter auf der „15" durch das Herz des Fjordgebiets am Strynsvatn (See) vorbei in ein immer enger werdendes Tal gelangen. Serpentinen führen hier steil nach oben.

Hier gibt es zwei Möglichkeiten der Weiterfahrt nach Geiranger: der direkte Weg auf der „15" durch die Tunnel oder auf der „258", den Gamle Strynefjellsveg (Alter Strynefjellsweg). Auch diese Straße gehört zu den Nasjonale turistveger. Es geht auf über 1.000 m Höhe über das Fjell durch eine wunderschöne Landschaft. Die Berge rechts und links ragen fast 2.000 m in die Höhe. Die stellenweise nicht asphaltierte Straße ist gut zu fahren. In Grotli gelangen Sie auf die „15", die Richtung Geiranger zur „63" wird. Es geht stellenweise in Serpentinen hinunter in den Ort am Ende des Geirangerfjords. Die Aussichtsplattform oberhalb des Ortes bietet eine spektakuläre Aussicht.

Geirangerfjord

Der schmale Fjord wird von steilen, stellenweise Hunderte von Metern hohen, senkrechten Felsen gesäumt. Die Berge erreichen Höhen von über 1.500 m. Über teils nackte Felsen ergießen sich Wasserfälle in das grünlichblaue Wasser des Fjordes, wie z.B. die „De syv søstre" - die sieben Schwestern. Der Fjord ist knapp 15 km lang und an seinem Ende liegt die Ortschaft Geiranger. Jährlich kommen über 100 Kreuzfahrtschiffe in den Fjord.

- Grande Hytteutleige og Camping, 6216 Geiranger, ☎ 70 26 30 68, office@grande-hytteutleige.no, 🖥 www.grande-hytteutleige.no, vermieten auch Boote für Touren auf dem Fjord, GPS N62°06.941' E7°11.057'
- ♦ Geiranger Camping, 6216 Geiranger, ☎ 70 26 31 20, post@geirangercamping.no, 🖥 www.geirangercamping.no, GPS N62°6.427' E7°12.428'

Eine Fährfahrt über den Geirangerfjord (seit 2005 in der Weltkulturerbeliste der UNESCO) gehört zu den Highlights in Norwegen. Wir haben diesmal die

Fahrt von Geiranger nach Valldal unternommen, von wo es auf der „63" zu einer weiteren absoluten Sehenswürdigkeit im Fjordgebiet geht. Durch das sehr fruchtbare Valldalen (Erdbeeren und Kirschen) geht es hinauf auf über 850 m zum Trollstigheimen und der anschließenden Abfahrt über den berühmten Trollstigen nach Åndalsnes.

Trollstigen

Seit 2009 trägt die Rv 63 in diesem Abschnitt den Titel "Nationale Touristenstraße Trollstigen". Der Trollstigen wurde 1936 eröffnet. Über 11 Serpentinen erreicht Sie die 858 m hohe Bergkante. Von hier stürzt der Stigfossen ins grüne Isterdal. Eingerahmt wird das Isterdal auf der linken Seite (Richtung Åndalsnes gesehen) von Trollveggen, der Trollwand. Sie ist die höchste senkrechte Felswand Europas. Sie erreicht eine Höhe von 1.800 m, wobei der lotrechte Abschnitt sagenhafte 1.000 m beträgt (mit einem Überhang von 50 m). Von mehreren Aussichtsplattformen bietet sich Ihnen ein grandioser Ausblick hinunter ins Tal.

Von Åndalsnes fahren Sie auf der Rv 64, nach Molde, wo Sie auf die E39 gelangen, auf der Sie bis nach Trondheim fahren. Vor Trondheim folgen auf der E 39 zwei Mautstellen.

Trollstigen - die bekannteste Passstraße Norwegens

Ich hoffe, ich habe Ihnen nicht zu viel versprochen. Diese unglaublichen Naturschauspiele entlang der beschriebenen „anderen Anreiseroute" muss man einfach gesehen haben. Man verliebt sich noch einmal mehr in dieses wundervolle Reiseland Norwegen!

1. Das Dach Norwegens - Jotunheimen
Von Otta zur Sognefjellhytta (➲ 102 km)

Die Fahrt zur Sognefjellhytta auf der Rv 55 geht auf 1.434 m hoch. Sie wird auch Sognefjellvegen genannt und ist seit 1997 eine der nationalen Touristenstraßen (Nasjonale turistveger) Norwegens. Sie verläuft offziell zwischen Lom und Gaupne.

📖 für Wanderer: Norwegen: Jotunheimen, Tonia Körner, OutdoorHandbuch Band 82, Der Weg ist das Ziel, ISBN 978-3-86686-398-9, Conrad Stein Verlag, € 14,90

0   **Otta**, ⇧ 288 m, zirka 293 km von Oslo entfernt. In Otta geht es links über eine Brücke und gleich wieder rechts zum

🚐△ Otta Camping og Motell, Ottadalen 580, 2670 Otta, ☎ 61 23 03 09,
FAX 61 23 38 19, ✉ post@ottacamping.no, 🖥 www.ottacamping.no,
🗓 1.5. bis 15.10, 1,5 km westlich vom Zentrum am Fluss **Otta**, mit Stellplätzen direkt am Ufer. 🚻 ♨ 🖥. GPS N61°46.334' E9°30.392'

Hinter Otta geht es auf der Straße 15 durch das **Ottadalen**. Bis ins 33 km entfernte Vågåmo folgen drei weitere Campingplätze. Empfehlen möchte ich Ihnen

den idyllisch gelegenen 🚐 ⛺ Holungsøy Campingplatz, 2680 Vågåmo, direkt am Fluss mit großer Rasenfläche.
- ☎ 61 23 72 70, 🖥 www.holungsoy-camping.no, GPS N61°51.810' E9°12.767'

18 Lalm 🛒

Die 15 geht sanft aufwärts.

33 Vågåmo ⇧ 360 m, ⛽ ✕ 🛒 ☎ 🏦
🚐⛺ Smedsmo Camping ****, 2680 Vågåmo, ☎ 61 23 74 50, ✉ smedsm@online.no, 🖥 www.visitvaga.no, 💧🚿🚽🏊🎣, GPS N61°52.185' E9°6.183'

Hinter Vågåmo geht es über eine Brücke ans andere Ufer des Sees **Vågåvatnet**. Das Tal ist hier breiter, die Berge ringsum erreichen Höhen von über 1.500 m. Drei Campingplätze sind entlang dieses Straßenabschnitts eingerichtet.

64 Lom
ℹ️ Lom Turistkontor (Jotunheimen Reiseliv), ☎ 61 21 29 90,
✉ info@visitjotunheimen.com, 🖥 www.visitjotunheimen.com, das Büro befindet sich im Norsk Fjellmuseum (Bergmuseum 🖥 www.fjell.museum.no), 🕐 1.7. bis 18.8. Mo bis Fr 9:00 bis 18:00 und Sa/So 9:00 bis 16:00/15:00

🚐⛺ In und um Lom haben Sie die Auswahl zwischen sechs Campingplätzen. Meine Empfehlungen:

Gletscherpanorama Jotunheimen

Das Dach Norwegens - Jotunheimen

- 🚐 ⛺ Nordal Turistsenter ****, 2686 Lom, ☎ 61 21 93 00, FAX 61 21 93 01,
  ✉ booking@nordalturistsenter.no, 💻 www.nordalturistsenter.no,
  💧🏠⚡🚿☕, GPS N61°50.283' E8°34.147'
- ◆ Lom Camping ****, Sognefjellsvegen 27, 2686 Lom, ☎ 61 21 99 50,
  ✉ booking@lomcamping.no, 💻 www.lomcamping.no, 💧🏠⚡🚿🛶☕,
  GPS N61°50.061' E8°33.504'
- ◆ Weitere Plätze sind Øyen-Camping ***, Gjeilo Camping **, Synstad Camping ** und Furuland **.
- ✞ **Lomskyrkja** ist eine wunderschöne Stabkirche. Sie wurde um das Jahr 1200 erbaut und zählt zu den schönsten Stabkirchen Norwegens. Auch heute wird sie als Hauptkirche in Lom genutzt. Sie beherbergt eine wertvolle Gemäldesammlung aus dem 18. Jh. und beeindruckt durch zahlreiche Holzschnitzereien und alte Runenzeichen an der Decke. Die Kirche wurde im Laufe der Zeit mehrmals umgebaut. Als sie Anfang der 70er Jahre restauriert wurde, fand man bei Ausgrabungsarbeiten Pilgerkennzeichen, Stäbe mit Runenzeichen und Pergamentdokumente. Der Eintritt von NOK 25 ist eine lohnende Investition, 🕐 15.6. bis 15.8. 9:00 bis 21:00.

✘ Die 15 gabelt sich in Lom nach rechts Richtung **Stryn** zum **Jostedalbreen Nasjonalpark** mit seinem riesigen Gletschern und nach links auf den Riksveg 55, den Sognefjellvegen, der weiter zum Jotunheimen ins Sognefjell führt.

Hinter Lom steigt der Sognefjellsvegen durch das **Bøverdalen** kräftig an. Auf 40 km werden 1.072 Höhenmeter überwunden. An den Berghängen wird jede geeignete Fläche für die Landwirtschaft genutzt.

73 Galdesand ⇧ 560 m, 🚐 ⛺

Im Ort führt eine Straße zur **Juvasshytta** (13 km). Mit 1.850 m ist dies der höchste Punkt Skandinaviens, den Sie mit dem Auto erreichen können. Die Hütte ist Ausgangspunkt für geführte Touren zum Gipfel des Galdhøpiggen, mit 2.469 m höchster Berg Skandinaviens.

Hinter Galdesand geht es durch das Leirdal aufwärts.

75 🚐 ⛺ Leirmo Campingplatz, kurz dahinter steht das Gehöft Elveseter, das heute ein Hotel beherbergt. Auf dem Hof stehen alte Häuser mit traditionsreichem Interieur. Auf dem Hofinnenplatz befindet sich die 33 m hohe **Sagasøyla**, die mit Motiven aus der norwegischen Geschichte verziert ist. Die ältesten Geschichten stammen aus dem Jahr 872.

87 🍴 Herrliche Aussicht an der **Jotunheimen Fjellstue** ins Tal.

Die nächsten Kilometer geht es flach am Ufer eines Sees entlang bis

94 **Bøvertun** ⇧ 937 m, eine Fjellstue ✗ 🚐 ⛺

Im weiteren Verlauf öffnet sich das **Breitsæterdalen.**

99 Breit in die Tiefe stürzender Wasserfall.

101 Krossbu 🛏 🍴.

Krossbu ist Ausgangspunkt für geführte Gletscherwanderungen auf dem Smørstabbreen. Der Rand des Gletschers liegt nicht weit von der Touristenhütte entfernt.

In Serpentinen geht es hinter der Hütte aus dem Tal heraus. Gleich am Ende der Steigung ist der höchste Punkt bei **Fantesteinen** erreicht. Von hier sieht man die Gipfel des **Smørstabbtindane**, **Fannaråken** und **Hurrungane**. Die Straße bleibt auf dieser Höhe, und der Blick über Seen, die auch im Juli mit Eis bedeckt sein können, auf Gletscher und schneebedeckte Berge ist atemberaubend.

Fahren Sie vorsichtig, denn auf der Straße ist reger Rollerski-Verkehr, eine beliebte Sommerski-Variante. Spitzenskiläufer aus aller Welt trainieren auf dem Sognefjell. Auf präparierten Loipen ist auch Sommerski möglich.

104 **Sognefjellhytta** ⇧ 1.413 m

Die Seen **Prestesteinsvatnet** (⇧ 1.356 m) und **Sleive** (⇧ 1.302 m) sind zur Energiegewinnung gestaut worden. Wenn Sie dort entlangfahren, erreichen Sie den Rastplatz **Mefjellet**. Der terrassenförmig angelegte Platz bietet eine hervorragende Panoramaaussicht. Anhand einer Schautafel können Sie die einzelnen Gipfel bestimmen. Oberhalb der Straße ist ein Denkmal, das an berühmte Sognefjellüberquerungen erinnern soll. Namen wie Holberg, Ibsen oder Wergeland sind da zu lesen.

- ♦ Sgnefjellshytta, 2687 Bøverdalen, ☎ 61 21 29 34, ✉ post@sognefjellet.no, 🖥 www.sognefjellet.no

32 km von der Sognefjellhytta entfernt liegt der **Lustrafjorden**, ein Seitenarm des Sognefjorden. Wenn Sie dorthin fahren wollen, müssen Sie bis auf 22 m über NN bergab fahren.

Ich kann Ihnen nur empfehlen, eine Nacht auf dem Fjell zu verbringen. Es gibt einige ausgezeichnete Stellplätze. Wenn Sie Glück mit dem Wetter haben, können Sie einen einmaligen Sonnenuntergang erleben, der die Berggipfel in ein Farbenmeer aus Gelb- und Rottönen eintaucht. Ist die Nacht dann sternenklar und windstill, spiegelt sich das Bergmassiv auf der Oberfläche des Prestesteinsvatnet.

Eine neue Attraktion im Jotunheimen ist der Klimapark Mímisbrunnr 2469. Von der Berghütte Juvasshytta unternehmen Sie eine Wanderung zu einem Eisfeld, in dem ein 70 m langer Tunnel mit Räumen, Gängen und Ausstellungen gegraben wurde. In dem 6.000 Jahre alten Eis wird Ihnen während einer 3 stündigen Führung alles über die Klimaentwicklung und über das frühere Leben in der Region erzählt. Spezielle Lichteffekte machen die Begehung der Gänge noch spektakulärer.

Da auch im Jotunheimen die Gletscher schmelzen, hat das zurückgehende Eis Fundstücke früherer Zivilisationen freigelegt, die Sie in Ausstellungen im Eis besichtigen können.

Hierzu fahren Sie die „55" weiter über die Hochebene bis Galdesand und folgen dort der Ausschilderung Juvasshytta. Sie liegt auf einer Höhe von 1.884 m.

⌘   Klimapark Mímisbrunnr 2469, ☎ 61 21 16 00, ✉ post@mimisbrunnr.no,
     💻 www.mimisbrunnr.no

2. 🐋 Vesterålen und Lofoten mit Pottwalsafaris Stø und Andenes (Vesterålen)

Vom Süden der Lofoten bis zur Nordspitze der Vesterålen und weiter auf der Insel Snja Richtung Tromsø
(Endpunkt der Extratour 5)

Von Bodø aus (Endpunkt der Extratour 3) legen die Fähren nach Moskenes zum südlichen Ende der Lofoten ab.

ℹ   unter 💻 www.torghattennord.no.

Wie sich die Berge der Lofoten nach der knapp 4-stündigen Fährfahrt vor einem auftürmen, ist unbeschreiblich spektakulär. Nur einige Kilometer durch diese spektakuläre Landschaft gefahren, kommen Sie zu einem sehr schön gelegenen Campingplatz, von dem Sie sehr gut den Lauf der Sonne (die in diesen Breiten im Sommer nicht untergeht) beobachten können.

🚐⛺ Fredvang Strand- og Skjærgårdscamping, Fredvang Seaside Holiday Camp, Fredvang, 8387 Fredvang, ☏ 76 09 42 33, FAX 76 09 41 12,
✉ mail@fredvangcamping.no, 🖥 www.fredvangcamp.no,
🖥 www.lofoten-info.no/fredcamp.htm, GPS N68°5.819' E13°9.684'

Lofotr Vikingmuseet in Borg

Neben der sagenhaft schönen Landschaft ist auch ein Besuch des Loftr Viking Museums bei Borg an der E 10 absolut sehenwert. Zur Mittagszeit können Sie auf einem See in einem original nachgebauten Wikingerschiff über den See rudern.

ℹ Lofotr Vikingmuseet in Borg, Prestegårdsveien 59, 8360 Bøstad, ☏ 76 08 49 00, FAX 76 08 49 10, ✉ vikingmuseet@lofotr.no, 🖥 www.lofotr.no, 🕐 1.6.-15.8., NOK 160/80, übrige Zeit NOK 120/60

Neben der Fahrt durch diese einzigartige Landschaft galt mein Augenmerk der Walsafari. Auf dieser Extratour können Sie beobachten, wie riesige Pottwale beim senkrechten Abtauchen in über 1.000 m Tiefe ihre Fluke in die Luft strecken. Dieses Schauspiel sollten Sie sich nicht entgehen lassen.

Abtauchender Pottwal vor der Küste von Andenes

Vom nördlichen Zipfel der Lofoten fahren Sie entweder mit der Fähre von Fiskebø nach Melbu und weiter nach Sortland, oder aber am Abzweig zur Fähre geradeaus weiter durch die neuen Tunnel nach Sortland.

In der Stadt empfiehlt sich ein Besuch im Touristenbüro. Dort ruft man für Sie in den Walzentren von Stø und Andenes an, und fragt nach, ob das Wetter eine Fahrt auf den Atlantik zulässt.

- Vesterålen reiseliv, Kjøpmannsgt. 2, 8401 Sortland, ☎ 76 11 14 80, turistinfo@vestreg.no, 🖳 www.visitvesteralen.com

An der Brücke von Sortland müssen Sie sich entscheiden, ob Sie geradeaus auf der Rv 820 nach Stø fahren, oder über die Brücke und links abbiegen Richtung Andenes ins dortige Walzentrum. Richtung Stø geht es hinter der Brücke rechts auf der 820 einige Kilometer am Wasser entlang. 14 km vor Stø erreichen Sie Myre.

Hinter Myre gabelt sich die Straße. Auf der asphaltierten Straße sind es 10 km bis zum Fischerort Stø, von wo aus die Walsafari startet. Der linke Abzweig führt zum Hafen von **Nyksund**, der zur Jahrhundertwende einer der wichtigsten der Vesterålen war und mit seinen auf Holzpfählen gebauten Häusern eine Augenweide ist. Einige Häuser sind in schlechtem Zustand, doch seit einigen Jahren werden viele Häuser restauriert. Die Atmosphäre in dem Ort ist einzigartig.

Weil **Stø** vom Walbeobachtungsgebiet weiter entfernt liegt als Andenes, müssen Sie eine längere Anfahrt auf dem Schiff in Kauf nehmen. Dafür unternehmen Sie auf der Fahrt zum Zielgebiet zusätzlich eine kurze Robben- und Seevogelsafari am **Anda fyr**, einer vorgelagerten Leuchtturminsel. Auf der Insel nisten auch Papageitaucher.

Die Safari dauert 7 bis 8 Std. und kostet für Erwachsene NOK 910, Kinder (5-12 Jahre) NOK 580, Kinder 2-4 Jahre frei. Die Mitternachtstour ist etwas teurer. Im Preis enthalten sind heiße Gemüsesuppe, Brot, Kaffee, Tee und Kekse an Bord und Tabletten gegen Seekrankheit, Abfahrt immer 10:30 und 16:00. Falls kein Wal gesichtet wird, bietet Arctic Whale Tours eine kostenlose Wiederholung bei nächster Gelegenheit an.

♦ Arctic Whale Tours, 8438 Stø, ☎ 76 13 43 00, FAX 76 13 43 01,
   ✉ info@arcticwhaletours.com oder booking@arcticwhaletours.com,
   🖥 www.arcticwhaletours.com, Saison vom 25. Mai bis 8. September. Von Ende Juni bis Ende Juli wird Do und Sa auch eine Midnight Sun Whale Tour angeboten (Abfahrt 21:00). Winter Whale Safaris werden auch angeboten.

In Stø gibt es einen Campingplatz.
♦ Stø Bobilcamp, Valen, 8438 Stø, ☎ 97 53 36 48, ✉ stobobilcamp@gmail.com,
   🖥 www.stobobilcamp.no, 🗓 15.5. bis 1.9.

Richtung Andenes geht es an der Kreuzung auf der Rv 82 gen Norden. Dabei kurven Sie um einige kleinere Fjordarme herum. Die Landschaft ist flach, und die Straße führt fast nur am Wasser entlang. Die Aussicht auf die umliegenden Inseln ist meist gut. 50 km hinter der Kreuzung nach Sortland geht es über eine Brücke nach **Risøyhamn** auf der Insel **Andøya**. An ihrem nördlichen Ende liegt Andenes.

Auf Andøya verläuft die Straße mehrere Kilometer schnurgerade, was für Norwegen ganz selten ist. Spektakulärer ist die Fahrt entlang der Westküste der Insel. Kurz vor Andenes erreichen Sie den kleinen Ort Bleik. Neben einem Spaziergang entlang des 2,5 km langen Sandstrandes lohnt eine Puffin Safari zu den Papageitauchern auf der vorgelagerten Vogelinsel Bleiksøya.

- Puffin Safari, ☎ 90 83 85 94 (Kapitän), 90 28 17 72, ✉ booking@puffinsafari.no, 🖥 www.puffinsafari.no, 🕘 täglich vom 1.6. bis 15.8. um 13:00 und 15:00 (Buchung auch bei Whalesafari Andenes möglich)

Noch 9 km sind es von Bleik bis Andenes.

Andenes

- Andenes Camping, Bleiksv. 34, 8480 Andenes, ☎ 41 34 03 88, FAX 76 11 56 10, ✉ camping@whalesafari.no, 🖥 www.andenescamping.no; direkt am Wasser mit kleinem Sandstrand, 🕘 1.6. bis 31.8., ♦ 🚿 ⚡, GPS N69°18.237' E16°3.91'

- Hisnakul-Museum neben dem Walmuseum. Es zeigt Ausstellungen von Künstlern der Region, aber auch einheimische Schauspielstücke und Musikveranstaltungen werden auf einer kleinen Bühne dargeboten. Außerdem ist eine Diashow und eine Ausstellung über das Nordlicht in den Räumen zu sehen. Hier erfahren Sie einiges über die Entstehung und Messung des Nordlichts.
  Hisnakul, PO Box 143, 8480 Andenes, ☎ 76 14 12 03,
  🕘 Juni bis August 10:00 bis 18:00, 🖥 www.hisnakul.no

In Andenes erleben Sie die Mitternachtssonne vom 19.5. bis 23.7. In Dunkelheit lebt man in Andenes vom 29.11 bis 13.1.

„Whalesafari" unterhält ein Gebäude mit Museum und kleinem Kinosaal, in dem eine Diashow gezeigt wird. Die 4- bis 5-stündige Fahrt, die mehrmals täglich angeboten wird, kostet inklusive Diashow NOK 890 für Erwachsene, NOK 570 für Kinder von 5 bis 13 Jahren, Kinder 1 bis 4 Jahre NOK 199. Eine kleine Mahlzeit (Suppe, Brötchen, Tee oder Kaffee) wird an Bord gereicht. Eine Tablette gegen Seekrankheit wird ebenfalls angeboten.

Wenn keine Wale gesichtet werden, können Sie die Tour kostenlos wiederholen. Fällt eine Fahrt wegen schlechten Wetters aus und Sie können nicht bis zur nächsten warten, erhalten Sie ebenfalls Ihr Geld abzüglich NOK 100 für Bearbeitungskosten zurück.

- 🐋 Whalesafari, PO Box 58, 8483 Andenes, ☎ 76 11 56 00, FAX 76 11 56 10, ✉ booking@whalesafari.no, ✉ post@whalesafari.no, 🖥 www.whalesafari.no, 🕐 Saison 25.5 bis 15.9 sowie von Ende November bis Mitte Februar
- 📖 Wale beobachten, Fabian Ritter, OutdoorHandbuch Band 25, Basiswissen für draußen, Conrad Stein Verlag, ISBN 978-3-86686-025-4, € 8,90

Die Schiffe beider Veranstalter sind vergleichbar. Nun müssen Sie entscheiden, welchen Weg Sie an der Kreuzung hinter Sortland einschlagen wollen.

Von Andenes können Sie bequem mit der Fähre Andenes - Gryllefjord auf die Insel **Senja** fahren. In Gryllefjord beginnt eine der spektakulärsten Landschaftsrouten (Nasjonale turistveger Senja) in Norwegen.

- ⛴ Von Andenes 23.5. bis 8.6. und 11.8. bis 31.8. 8:45 und 17:00, 9.6. bis 10.8. 8:45, 13:00, 17:00. Von Gryllefjord: 11:00, (15:00) und 19:00; Erwachsene NOK 188, Kinder (4-16) NOK 94, Autos bis 6 m Länge NOK 465 und bis 7 m NOK 1.030, bis 8 m NOK 1.290. Pkw mit Wohnanhänger und einer Gesamtlänge bis 10 m NOK 935, Motorräder NOK 258, Fahrzeit 100 Min., 🛈 Infos unter 🖥 www.senjafergene.no; Buchungen unter ✉ reservations@senjafergene.no
- ♦ Andøy Touristinformation, Hamnegata 1c, Fyrvika, 8483 Andenes, ☎ 76 14 12 03, FAX 76 14 12 04, ✉ post@andoyturist.no, 🖥 www.andoyturist.no

Gleich hinter Gryllefjord wurde eine neue Brücke sowie ein Tunnel erbaut, wodurch Sie die Fahrt um den Fjord herum und die anschließende steile Fahrt über die Bergkette nicht mehr fahren müssen.

Die 102 km zwischen Gryllefjord und Olsborg/Moen sind kurvig und wellig. Eine ungewöhnliche Begegnung können Sie 22 km hinter dem Fähranleger erleben. Hier ist im *Hulder- og Trollpark* (Elfen- und Trollpark) ein fast 18 m hoher Riesentroll zu bestaunen, der 1997 in das Guinness-Buch der Rekorde als weltweit größter Troll aufgenommen wurde. Der Senja-Troll dient über zwei Etagen als Museum, das in die Welt der Elfen und Trolle einführt.

- ⌘ Senjatrollet AS Finnsæter, 9385 Skaland, ☎ 77 85 88 64, ✉ lrubach@online.no, 🖥 www.senjatrollet.no, Erwachsene NOK 120, Kinder NOK 80.

Die Straße verläuft durch Birkenwälder zwischen nicht allzu hohen Bergen hindurch. Nach 65 km kommt die Doppelortschaft **Silsand/Finnsnes,** 🅿 🍽 ✕ die durch eine Brücke getrennt ist. Von hier aus sind es 37 km auf der 855 bis Olsborg an der E 6.

Eine Alternative zur Fahrt zurück auf die E6 bei Olsborg/Moen möchte ich Ihnen ans Herz legen! Fahren Sie auf einer der spektakulärsten Nasjonale turistveger in Norwegen Richtung Tromsø auf Norwegs zweitgrößter Insel: Senja. Die norwegische Landschaftsroute Senja beginnt in Gryllefjord und endet nach vielen Kurven und aufs und abs im 90 km entfernten Botnhamn. Nach 30 km biegen Sie in Sætra links ab auf die Straße 862. Und jetzt beginnt eine Fahrt bis Botnhamn, die mich total begeistert hat. Steil aus dem Meer ragende Felsen, tiefe Fjorde, Strände und Fischerdörfer prägen das Bild dieser sagenhaften Straße. In Botnhamn setzen Sie mit der Fähre über nach Brensholmen, von wo es nur noch 55 km auf der „862" bis Tromsø sind.

3. Die Küstenstraße Rv 17

Von Steinkjer bis nach Bodø entlang der Küste (688 km)

Statt der Fahrt auf der E 6 durch das Namdalen bis Mo i Rana, führt die Rv 17 entlang der wunderschönen Küste der Provinz Helgeland. Die Strecke ist viel erholsamer zu fahren als auf der E 6, auf der es doch etwas hektischer zugeht. Knapp 5 km hinter Steinkjer biegen Sie von der E 6 auf die Rv 17 Richtung Namsos an die Küste ab. Die Küste ist zerklüftet, aber nicht von hohen Fjorden durchzogen. Viele kleine Inseln sind ihr vorgelagert.

Bei schönem Wetter ist das Szenario wunderschön: blauer Himmel, grüne Landschaft, Berge, Strände und das blaue Meer. Bei bewölktem Wetter hat das ganze Szenario etwas Dramatisches. Campingplätze finden Sie entlang der Rv 17 in oftmals sehr schöner Umgebung.

Auf der gesamten Strecke dürfen Sie sieben Fährfahrten unternehmen, die längsten sind eine Stunde lang. Dadurch ist das Vorankommen natürlich nicht so zügig, aber wunderschön. Sehr lohnend ist auch eine Fährfahrt zu einer der vielen vorgelagerten Inseln. Hier scheint die Zeit still zu stehen. Weit vor der Küste liegt z. B. knapp unterhalb des Polarkreises die Inselgruppe von Træna. Die Inselgemeinde besteht aus 418 Inseln, wovon nur noch vier bewohnt sind. Hier können Sie sehr schön Papageitaucher beobachten.

Wer gerne den Polarkreis auf dem Lande überqueren möchte, hat auf der Rv 17 nicht diese Möglichkeit, da sie diesen während der Überfahrt von Kilboghamn nach Jektvik passieren. Von der Rv 17 müssen Sie hinter Nesna auf die Rv 12 weiter nach Mo i Rana fahren, um dort auf der E 6 den Polarkreis zu überqueren.

Küstenimpressionen der Rv 17

Die Rv 17 führt dicht am Gletschergebiet des Engenbreen (zweitgrößter Gletscher Norwegens) entlang. Da das Eis des Gletschers bis auf 50 m über Meereshöhe hinabreicht, ist er sehr gut zugänglich. Eine Bootstour zum Gletscher und eine Wanderung zur Gletscherzunge ist absolut spannend. Nach der Fahrt durch den Svartisentunnel erreicht die Straße kurz vor ihrem Ende den größten Gezeitenstrom der Welt: Saltstraumen.

⌘   *Saltstraumen Opplevelsessenter* (Saltstraumenmuseum) an der Abzweigung hinter der Brücke. Die Ausstellung informiert über Entstehung und Geschichte des Saltstraumen. Dort gibt es auch ein Modell zur Funktionsweise eines Gezeitenstroms. Eine detailreiche Multimedia-Show zeigt mit einigen Effekten die Entstehung und Geschichte des größten Gezeitenstroms der Welt. So erfährt man z.B. über den Wikingerhäuptling Raud hin Rame, der sich hier am Saltstraumen verzweifelt gegen die Kreuzzüge von Olaf Tryggvason wehrte, der die Norweger zum Christentum bekehren wollte.

Er unterlag gegen die Angreifer, doch wenn man in einer ruhigen Mittsommernacht am Wasser des Saltstraumen steht, soll man noch heute seine enormen

Kräfte spüren. Die Multimedia-Show wird je nach Bedarf in vier Sprachen dargeboten, u.a. auch in Deutsch. In einem Außenbecken sind Robben zu sehen.
- ♦ Erwachsene NOK 70, Kinder NOK 50, 🛏 im Mai bis Aug 10:00 bis 18:00, Juli bis Mitte August 🛏 9:00 bis 20:00 🅿 ✕ 🏠

Hinter Saltstraumen folgt eine Mautstelle. 14 km hinter dem Saltstraumen kommen Sie auf die Straße 80, die links nach Bodø (16 km) und rechts nach Fauske zurück zur E 6 führt. Diese 43 km verlaufen fast nonstop am Skjerstadfjorden entlang bis nach Fauske. Auch in diesem Abschnitt gibt es eine Mautstelle.

Informationen über den Kystriksveien (Fv 17), die Küstenstraße 17, erhalten sie auf der Internetseite 🖳 www.kystriksveien.no. Dort finden Sie ein Reisehandbuch (auch auf Deutsch) mit allen Fährfahrten, wo Sie nächtigen können und vielen weiteren Informationen. Auch als PDF downloadbar.

4. Gletscher und Grotten - Svartisengletscher und Grønligrotta

Von Røssvoll zum Svartisvatnet   (➲ 24 km)

Etwa 12 km hinter Mo i Rana kommt auf der E 6 ein lohnender Abstecher, für den Sie einen Tag einplanen sollten.

Grønligrotta und Setergrotta

Die **Grønligrotta** ist etwa 2.000 m lang, bei der 40-minütigen Besichtigung wird etwa eine Strecke von 400 m zurückgelegt. Das Gestein in der Höhle ist Marmor, der bei hohem Druck und bei hohen Temperaturen aus Kalkstein entsteht. Die darüberliegende Glimmerschieferschicht bildet das Dach der Höhle. Normalerweise gilt Marmor als sehr hartes Gestein und ist nicht wasserlöslich, doch mineralhaltiges Wasser kann durch Kohlensäure den Kalkstein leichter lösen. So ist auch diese Höhle entstanden. Es bildeten sich feine Risse, die sich im Lauf der Jahrhunderte vergrößerten. Gänge und Labyrinthe bildeten sich, die zunächst mit Wasser gefüllt waren. Doch nachdem sich das Grundwasser gesenkt hatte, wurden diese freigelegt. Noch heute fließt ein unterirdischer Bach, der nicht zu überhören ist, durch einen Teil der Gänge. Es sind auch Strudellöcher und -töpfe zu sehen.

In der Grønligrotta

🛈 Geführte Touren (in der Zeit von ca. 20.6. bis 15.8. jede Stunde von 10:00 bis 18:00) kosten für Erwachsene NOK 130 und für Kinder NOK 90. Gutes Schuhwerk und warme Kleidung sollten Sie mitnehmen, denn wärmer als 8°C wird es in der Höhle nicht. 💻 www.gronligrotta.no

Ganz anders ist das Begehen der **Setergrotta**. Die nur zweimal am Tag stattfindende Führung dauert zwei Stunden. Mit Overall, Helm und Stirnlampe bekleidet, geht es stellenweise nur auf dem Bauch kriechend durch enge Spalten in die Unterwelt. Führungen in der Hochsaison um 11:30 und 15:00 (Mitte Juli bis Mitte August), Preis NOK 310.

🛈 Setergrotta AS, Postfach 1303, N-8602 Mo i Rana, 💻 www.setergrotta.no, ✉ info@setergrotta.no, ☎ 95 97 44 97, FAX 75 12 76 01

In der Ortschaft Røssvoll geht es links durch das Raudvassdalen zum Svartisen-Gletschersee sowie zu der Grønli- und der Setergrotta. Nach 8 km kommt der Abzweig zu den Grotten. Hier geht es auf einer nicht befestigten Piste zwei Kilometer weiter. Das Ende der Straße ist nach 14 km erreicht. Hier stehen Sie an der Grenze des **Saltfjellet-Svartisen Nasjonalpark**. Die letzten 5 km sind ebenfalls unbefestigt. Der Fluss **Langvassagå**, an dem sich die Straße entlangschlängelt, führt milchig-trübes Wasser, das direkt vom Gletscher kommt.

Am Ende der Straße müssen Sie das letzte Stück zum Gletscher entweder zu Fuß (16 km ⇔) oder mit einem Boot zurücklegen. Vom See-Ende sind es noch einmal etwa 3 km. Das Boot über den Svartisvatnet fährt um 10:00, 12:00 und 14:00. Erwachsene NOK 150, Kinder NOK 70 Hunde NOK 30.

Für den 8 km langen Fußmarsch vom Parkplatz zum Gletscher benötigt man etwa zwei Stunden. Der Weg ist etwas schwierig, da er meist sehr matschig ist. Größere Steigungen sind nicht zu überwinden. Am Parkplatz 🚐 △ (NOK 70), Abstellplätze über Nacht NOK 30 (Strom nicht vorhanden).

5. Das „Tor zur Arktis" - Tromsø

Polaria-Museum und Planetarium

Die E 8 führt Sie zuerst 24 km am **Balsfjorden** entlang zum **Lavangsdalen**. Über 1.200 m hohe Berge rahmen das enge Tal ein, an das sich der **Sørbotn** anschließt, 🚐 △ Ramfjord Camping. Vom Campingplatz an geht es bis Tromsø nur noch am Wasser entlang.

- Ramfjord Camping, Sørbotn, 9027 Ramfjordbotn, ☎ 77 69 21 30,
  ✉ post@ramfjordcamp.no, 💻 www.ramfjordcamp.no,
  GPS N69°30.969' E19°14.902'

Tromsø

- ♦ 55.000 Einwohner
- Visit Tromsø, Kirkegata 2, 9253 Tromsø, ☎ 77 61 00 00, FAX 77 61 00 01,
  ✉ info@visittromso.no, 💻 www.visittromso.no, 🕐 in der Hauptsaison Mo bis Fr 9:00 bis 19:00, Sa/So 10:00 bis 18:00
- 🚐△ Tromsø Camping***, 9020 Tromsdalen, ☎ 77 63 80 37, FAX 77 63 85 24,
  ✉ post@tromsocamping.no, 💻 www.tromsocamping.no, ♦ 🏠 ⛽ 🚿 🏊,
  GPS N69°38.894' E19°1.022'
- ♦ 26 km nördlich von Tromsdalen Skittnelv Campingplatz
- 🛏 Clarion Collection Hotell With, Sjørgata 35-37, 9291 Tromsø, ☎ 77 66 42 00,
  FAX 77 68 96 16, ✉ cc.with@choice.no, 💻 www.choicehotels.no; direkt am Hafen. Das Obergeschoss mit Sauna ist komplett verglast, sodass man während des Saunaganges die Tromsøbrua sowie die Ishavskatedralen betrachten kann.

Das „Tor zur Arktis" - Tromsø

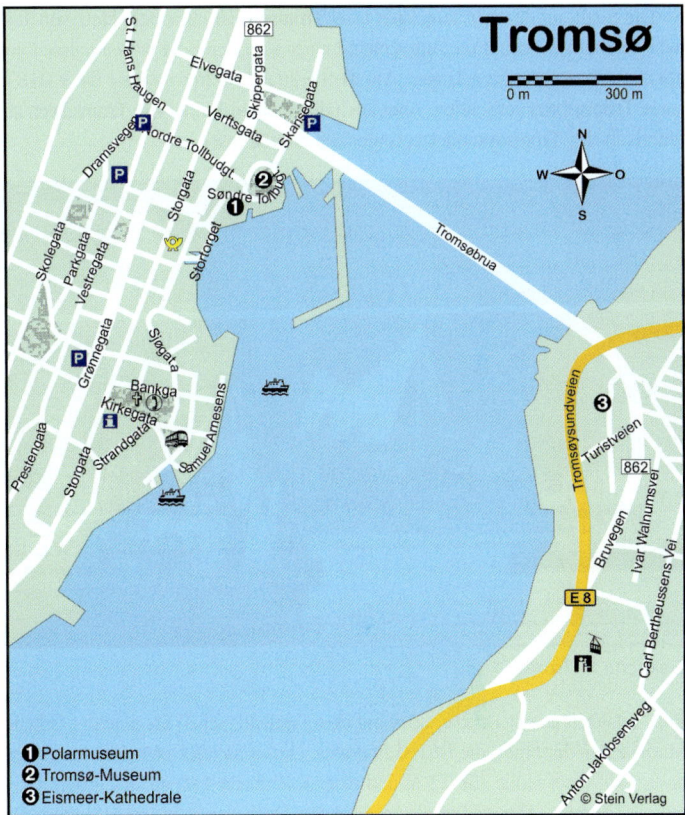

❶ Polarmuseum
❷ Tromsø-Museum
❸ Eismeer-Kathedrale

- ♦ Quality Hotell Saga, Richard Withs plass 2, 99008 Tromsø,
  ☎ 77 60 70 00, FAX 77 60 70 10, 🖳 q.saga@choice.no, 🖳 www.qualityinn.com
- ♦ Clarion Hotel Bryggen, Sjørgata 19-21, 9291 Tromsø, ☎ 77 78 11 00,
  FAX 77 78 11 01, ✉ post.bryggen@choice.no, 🖳 www.choicehotels.no
- ♦ Rica Ishavshotel, Fr. Langesgate 2, 9008 Tromsø, ☎ 77 66 64 00,
  FAX 77 66 64 44, ✉ rica.ishavshotel@rica.no, 🖳 www.rica.no
- 🏠 Tromsø Vandrerhjem, Elverhøy, Åsgårdveien 9, 9016 Tromsø,
  ☎ 77 65 76 28, ✉ tromso@hihostels.no, 🚪 16.6 bis 14.8.

Die Stadt auf der sehr hügeligen Insel **Tromsøya** ist mit einem Netz von Tunneln durchzogen, damit die Autos nicht immer über den Berg fahren müssen, um auf die andere Seite zu gelangen. Mit dem Festland ist Tromsø über die 1.016 m lange **Tromsøbrua** verbunden. Aber auch durch einen Tunnel von **Tromsdalen** aus unterhalb des **Tromsøysundet** gelangen Sie auf die Insel.

Eiskirche in Tromsø

✞   Gleich an der Brücke, noch auf dem Festland, sehen Sie eine der Sehenswürdigkeiten der Stadt, die *Ishavskatedralen*. Dieses architektonische Meisterwerk besitzt mit einer Höhe von 23 m und einer Fläche von 140 m² das größte Glasmosaik Europas. Das spitzwinklige gezackte Dach reicht bis zum Boden. Die Form der 1965 eingeweihten Eismeerkirche soll Mitternachtssonne, Nordlicht und Polarnacht symbolisieren.

♦   📖 1.6. bis 15.8. werktags 9:00 bis 19:00, sonntags 13:00 bis 19:00,
     💻 www.ishavskatedralen.no

⌘   Tromsø hat interessante **Museen** zu bieten. Das neueste, im Mai 1998 eröffnete, ist das *Polaria*. Das Museum ist leicht zu erkennen, es hat die Form fünf aneinander gelehnter Eisschollen. Die naturkundlichen Ausstellungen zeigen die arktische Welt mit Spitzbergen. In einem Kinofilm von Ivo Caprino, dem bedeutendsten Naturfilmer Norwegens, wird die Schönheit von Svalbard/Spitzbergen auf einer fünfteiligen Leinwand gezeigt. Die Leinwände sind im Halbkreis aufgestellt, und jedes Teilstück kann einzeln in Überblendtechnik angesteuert werden. Der Film erscheint dadurch räumlich, und der Betrachter erhält das Gefühl, unmittelbar am Geschehen teilzunehmen. Diese Art der Präsentation gibt es z.B. auch in der Nordkaphalle und im Polarkreiszentrum.

Nach Filmende verlassen die Besucher den Saal durch eine kleine Tür, hinter der sich eine der Arktis nachempfundene Landschaft entfaltet: Plötzlich sind Sie von Kälte und schneebedeckten Bergen umgeben, ein Sturm treibt Schneeflocken ins Gesicht, selbst die Eisbären verkriechen sich in ihrer Höhle. Wenn Sie Eisschollen betreten, bersten sie unter der Last. In den folgenden Räumen wird in mehreren Aquarien die Unterwasserwelt der arktischen Region gezeigt. An manchen Becken hat man an den Wänden halbkreisförmige Dellen aus Glas eingesetzt. Steckt man seinen Kopf dort hinein, hat man das Gefühl, unter Wasser dabei zu sein. Oberhalb der Aquarien kann man Robben durch die gläsernen Wände ihres Beckens beobachten. Auch der übrige Teil der Ausstellung ist sehr anschaulich.

♦ Hjalmar Johansensgt. 12, 9296 Tromsø, ☏ 77 75 01 00, FAX 77 75 01 01, 🖥 www.polaria.no, NOK 120 bzw. NOK 60, täglich im Sommer 🕐 10:00 bis 19:00, Robbenfütterung um 12:30 und 15:30

▷ Ein weiteres Highlight ist der Besuch des *Nordlysplanetariet Tromsø*, des **Planetariums**. Der Film „Arktisches Licht" zeigt Ihnen alles über die Entstehung des Polarlichtes und über die Mythen dieses winterlichen Spektakels am Nordhimmel. Das Programm wird in mehreren Sprachen angeboten. Die Reihenfolge wechselt allerdings täglich, je nachdem, ob Reisegruppen das Planetarium gebucht haben. Über das Programm informieren Sie sich bitte vor Ort. Angeschlossen ist ein Wissenschaftszentrum mit interessanten Experimentierplätzen.

♦ Hansine Hansens veg 17, Universitetsområdet, Breivika, 9019 Tromsø, ☏ 77 62 09 45, ✉ post@nordnorsk.vitensenter.no, 🖥 www.nordnorsk.vitensenter.no

▷ Unterhalb des Planetariums finden Sie den Arktisk-Alpin Botanisk Hage (Arktisch-Alpiner Botanischer Garten), den nördlichsten Botanischen Garten der Welt. Der 2 Hektar große Garten beherbergt arktische und alpine Pflanzen.

♦ Er ist rund um die Uhr geöffnet und der Eintritt ist frei. In einem kleinen Café werden leckere selbstgemachte Waffeln und Kuchen angeboten. 🖥 www.uit.no/botanisk

⌘ Ein weiteres **Museum**, das sich mit der Polarregion beschäftigt, ist das *Polarmuseet i Tromsø*. Sie finden es direkt am Hafen, im alten Teil von Tromsø. Es macht Spaß, durch das alte Gebäude mit den niedrigen Decken zu spazieren und die Exponate der früheren Expeditionen zum Nordpol zu begutachten. Erklärt werden auch die historischen Zusammenhänge des Walfangs.

♦ Polar Museum, Søndre Tollbodgata 11, 9001 Tromsø, ☎ 77 62 33 60,
  ✉ postmaster@polarmuseum.no, 🖥 www.polarmuseum.no, 🕐 in der Hauptsaison 10:00 bis 19:00, Erwachsene NOK 50, Kinder NOK 25

Tromsø von oben können Sie erleben, wenn Sie den Berg **Storsteinen** (⇧ 421 m) erklimmen. Dort hinauf gelangen Sie entweder zu Fuß oder mit der Fjellheisen-Seilbahn. Die Talstation befindet sich im Solliveien 12 an der Ishavskatedralen vorbei. Bei schönem Wetter ist der Blick auf die Stadt und die Berge ringsherum herrlich. Auch die Mitternachtssonne lässt sich von hier oben gut beobachten. Einige Wanderwege beginnen an der Bergstation.

♦ ☎ 77 63 87 37, ✉ post@fjellheisen.no, 🖥 www.fjellheisen.no, 17.5. bis 31.8. von 10:00 bis um 1:00 alle halbe Stunde, Seilbahn Erwachsene NOK 140, Kinder NOK 60

☺ Wenn Sie nicht in der Stadt übernachten möchten, empfehle ich Ihnen Folgendes: Fahren Sie am Flughafen vorbei über die Sandnessundbrua, dann ein Stück auf der 862 und biegen in **Eidkjossen** rechts Richtung **Sommarøy** ab. Dort liegen einige wundervolle Buchten, zum Teil mit Sandstrand, in denen Sie die Nacht zum Tage machen können. Sie haben hier freien Blick auf den Horizont und sind im Gegensatz zum Nordkap fast mit sich allein. In Tromsø geht die Sonne in der Zeit vom 21. Mai bis zum 21. Juli nicht unter. Nicht zu sehen ist sie vom 26.11. bis 17.1.

6. Die nördlichste Stadt der Welt - Hammerfest
Mitglied werden im Eisbärenklub

In Skáidi zweigt man von der E 6 auf die 94 nach **Hammerfest** ab. Nach 60 km Fahrt, auf der es fast nur an Fjordufern entlanggeht, erreichen Sie Hammerfest, die nördlichste Stadt der Welt mit den Koordinaten 70°39'48.

5 🚐 ⛺ Reppafjord Ungdomssenter ******, 9620 Kvalsund
♦ ☎ 78 41 61 65, FAX 78 41 61 65, ♦ 🚻 ⚡ 📧 ☕, GPS N70°26.830' E24°23.389'

Der Fluss im Reppafjorddalen ist sehr fischreich, und viele Angler versuchen hier ihr Glück. Die Landschaft ist so weit oben im Norden sehr weitläufig, die Berge erreichen keine großen Höhen mehr.

25 Kvalsund

Gleich hinter dem Ort geht es über die 741,5 m lange Kvalsundbrua, die den **Kvalsundet** überspannt. Die Vororte von Hammerfest sind nach 57 km erreicht.

Hammerfest

- 9.500 Einwohner
- Hammerfest Turist AS, Havnegt. 3, 9615 Hammerfest, ☏ 78 41 21 85, FAX 78 41 19 00, post@hammerfest-turist.no, www.hammerfest-turist.no, im gleichen Gebäude wie der Eisbärenklub am Hurtigrutenkai.
- Hammerfest Turistsenter ****, PO Box 430, 9601 Hammerfest, ☏ 78 41 11 26, gleich am Ortseingang bei der Shell-Tankstelle (beim großen Eisbären), post@hammerfest-turist.no, www.hammerfest-turist.no, es ist die einzige Unterkunft in Hammerfest, von der man den Sonnenuntergang beobachten kann. GPS N70°39.150' E23°39.217'
- Stovannet Camping am gleichnamigen See, 1,5 km östlich vom Zentrum, Storvannsveien 103, 9600 Hammerfest, ☏ 78 41 10 10, storvannet@yahoo.no, 1.6. bis 15.9., GPS N70°39.489' E23°42.581'
- Rica Hotel Hammerfest, Sørøygt. 15, 9615 Hammerfest, ☏ 78 42 57 00, FAX 78 42 57 01, rica.hotel.hammerfest@rica.no, www.rica.no

Hammerfest erhielt 1789 die Stadtrechte und kann sich seitdem die „nördlichste Stadt der Welt" nennen.

An Sehenswürdigkeiten hat die Stadt wenig zu bieten. Am lohnendsten ist der Besuch des *Isbjørnklubben* (The Royal and Ancient Polar Bear Society) des Eisbärenklubs. Bei einem Besuch im Klubhaus am Eingang werden Sie von zwei lebensgroßen Kunststoff-Eisbären empfangen - können Sie Mitglied im Eisbärenklub werden. Sie erhalten ein Diplom und die „berühmte" Eisbärennadel in Silber und Emaille. 140.000 Mitglieder hat der Eisbärenklub bereits. Eine große Zahl von ihnen lebt im Ausland.

Der Eisbärenklub hat sich zum Ziel gesetzt, Gegenstände aus der Arktis, die von historischem und wissenschaftlichem Interesse sind, zu sammeln und zu bewahren. Eine Museumsausstellung zeigt die Geschichte der Stadt und das Jagen und Fischen in arktischer Umgebung. Der überwiegende Teil der Ausstellung zeigt ausgestopfte Tiere aus der Region. Eine Mitgliedschaft kostet NOK 150 im Jahr, die Mitgliedschaft plus eine Adelszeremonie liegt bei NOK 190.

- ♦ Isbjørnklubben, Hamnegata 3, ☎ 78 41 31 00,
  ✉ post@isbjornklubben.no, 🖳 www.isbjornklubben.no,

Wenn Sie die Hauptstraße in Hammerfest weiter Richtung Norden fahren, kommen Sie im Stadtteil **Fuglenes** zur *Meridianstøtten*, der Meridiansäule. Sie steht auf dem 70. nördlichen Breitengrad, genau auf 70°40'11,3", zur Erinnerung an die erste genaue Vermessung der Erde, die in den Jahren 1816 bis 1852 unter der Regie Norwegens, Schwedens und Russlands durchgeführt wurde.

Der russische Astronom W. Struwe hatte zwischen 1816 bis 1840 mit der Vermessung entlang eines Meridians begonnen. 1844 schlug er König Oscar I. von Schweden und Norwegen vor, dass sich die beiden Länder der Vermessung anschließen sollten, damit sich die Messlinie so weit wie möglich vom Süden in den Norden erstrecke. Gesagt - getan, die Vermessung startete somit in Ismalia an der Donau (1816) und endete 1852 in Hammerfest. Die vermessene Strecke verlief über 25 Grad und 20 Minuten Breite und entspricht etwa 2.800 km.

Zur Erinnerung an dieses Ereignis errichtete König Oscar II. die Meridiansäule in Hammerfest. Die Eingravierungen auf der Säule auf Latein und Norwegisch erzählen von diesem Unternehmen.

In Hammerfest erleben Sie die Mitternachtssonne vom 13. Mai bis zum 29. Juli. Die Kehrseite der Medaille ist die Zeit ohne Sonne, nämlich vom 21.11. bis zum 21.1.

Die Nordkap-Route zusammen mit den sechs beschriebenen Extratouren, ergibt eine Länge von etwa 5.000 km. Jetzt können Sie ungefähr abschätzen, wie viel Zeit Sie benötigen und wie Sie Ihre Hin- und Rückfahrt gestalten möchten.

Kleiner Sprachführer

Passagierschiff und Akershus Festung

Im Norwegischen gibt es zwei Dialekte, das **Nynorsk** und das **Bokmål**, wobei 4/5 der Norweger das vom Dänischen stammende Bokmål sprechen. Die Unterschiede zwischen den Dialekten sind nicht groß. Dieser kleine Sprachführer basiert auf Bokmål.

Norwegisch ist für Deutschsprachige nicht sehr schwer zu lernen. Nach kurzer Zeit können Sie bereits eine Zeitung lesen und zumindest den Sinn des Artikels verstehen. Mit dem akustischen Verstehen sieht es etwas anders aus, denn das schnelle Sprechen macht es nicht einfacher. Es ist allerdings kein Problem, sich mit den Norwegern auf Englisch zu verständigen. Manche sprechen etwas Deutsch, da Deutsch als zweite Fremdsprache in der Schule gelehrt wird.

Aussprache

Beim Nachschlagen in Wörterbüchern oder in Telefonbüchern müssen Sie darauf achten, dass Æ, Ä, Ø, Ö und Å am Ende des Alphabets stehen. Die Betonung erfolgt meist auf der ersten Silbe. Dreisilbige Wörter werden ab und zu auf der zweiten Silbe betont. Ausnahmen, die die Regeln bestätigen, gibt es überall. Das Schöne am Norwegischen ist, das die Anrede „Sie", das „De", nur sehr selten gebraucht wird. Man duzt sich sofort, auch auf Deutsch.

Allgemeine Redewendungen

Hallo	Hei
Guten Morgen	God morgen
Guten Tag	God dag
Guten Abend	God kveld
Gute Nacht	God natt
Auf Wiedersehen	Ha det/farvel
gestern	i går
heute	i dag
morgen	i morgen
nächste Woche	i neste uke
Wie geht es Ihnen?	Hvordan står det til?
Entschuldigung	Unnskyld
Bitte (sehr)	Vær så god

Danke	Takk
Ja	Ja
Nein	Nej
Wann?	Når?
Warum?	Hvorfor?
Wer?	Hvem?
sehr gut	svært godt
Was kostet das?	Hva koster det?
Ich möchte ... Euro in NOK wechseln	Kann jeg få vekslet ... euro i norske krone?
Wo ist ...?	Hvor er ...?
Wo gibt es ...?	Hvor finnes det ...?
Sprechen Sie Deutsch/ Englisch/ Norwegisch?	Snakker du tysk/ engelsk/ norsk?

Wochentage

Montag	mandag
Dienstag	tirsdag
Mittwoch	onsdag
Donnerstag	torsdag
Freitag	fredag
Samstag	lørdag
Sonntag	søndag

Die Monatsnamen sind, außer März (mars) und Dezember (desember) mit den Deutschen identisch, der einzige Unterschied besteht darin, dass sie im Norwegischen kleingeschrieben werden.

Zahlen

0	null	16	seksten
1	en	17	sytten
2	to	18	attan
3	tre	19	nitten

4	fire	20	tjue
5	fem	21	tjueen
6	seks	30	tretti
7	sju	40	førti
8	åtte	50	femti
9	ni	60	seksti
10	ti	70	sytti
11	elleve	80	åtti
12	tolv	90	nitti
13	tretten	100	hundre
14	fjorten	200	to hundre
15	femten	1.000	tusen

Begriffe auf der Wetterkarte

bewölkt	skyet
leicht bewölkt	lett skyett
Frost	frost
Gewitter	uvær
Hitze	varme
Mitternachtssonne	midnattsol
Mond	måne
Nebel	tåke
Regen, Regenschauer	regn, regnbyge
Schnee	snø
Sonne	sol
Sonnenaufgang	soloppgang
Sonnenuntergang	solnedgang
Temperatur	temperatur
Wetter	vær
Wetteraussichten	værutsikter
Wetterbericht	værmelding
Wind	vind
wolkenlos	klart

Begriffe auf der Landkarte

Alm	seter
Berg	fjell
Brücke	bro
Bucht	bukt/vik/våg
Eisenbahn	jernbane
Fähre	ferje/ferge
Felszeichnung	helleristning
Fluss	elv/å
Gletscher	bre
Insel	øy
Kirche	kirke
Küste	kyst
Meer	hav
Meerenge	sund
Polarkreis	polarsirkel
der See	innsjø/vatn
die See	sjø
Sehenswürdigkeit	severdighet
Stadt	by
Straße	vei
Straße in der Stadt	gate
Tal	dal
Wald	skog
Wasserfall	foss
Zoo	dyrepark

Gesundheit

Apotheke	apotek
Arzt	lege
Desinfektionsmittel	desinfeksjonsmiddel
Fieberthermometer	syketermometer
Heftpflaster	(heft)plaster
Hustensaft	hostesaft

Insektenmittel	Insektmiddel
Kinderarzt	barnelege
Kopfschmerztablette	hodepine-tabletter
Krankenhaus	Sykehus
Nasentropfen	nesedråper
Notarzt	legevakt
Schlaftabletten	sovetabletter
Schmerztabletten	smertestillende tabletter
Zäpfchen	stikkpiller

Beim Arzt

Ich bin krank	Jeg er syk
Ich habe hier (starke) Schmerzen	Jeg har (kraftige) smerter her
Ich habe (hohes) Fieber	Jeg har (høy) feber
Ich habe mir den Magen verdorben	Jeg er ikke bra i magen
Ich habe ... gegessen	Jeg har spist ..
Ich habe Durchfall/Kopfschmerzen	Jeg har diaré/hodepine

Unterkunft

Bett	seng
Campingplatz	campingplass
Doppelzimmer	dobbeltrom
Dusche	dusj
Einzelzimmer	enkeltrom
frei	ledig
Halbpension	halvpensjon
Hotel	hotell
Hütte/Ferienhaus	hytte
Jugendherberge	ungdomsherberge/vandrerhjem
mit/ohne	med/uten
Pension	pensjon
Rezeption	resepsjon
Toilette	toalett
Vollpension	helpensjon
Zelt	telt
Zimmer	rom

Speisekarte - spiseseddel

frokos	Frühstück	middag	warmes Abendessen
forrett	Vorspeise	kvelds	Abendbrot
hovedrett	Hauptgericht	dagens rett	Tagesgericht
lunsj	kleines Mittagessen	barnemeny	Kindergericht
dessert	Nachtisch	gatekjøkken	Imbiss

drikker - Getränke

appelsinjuice	Orangensaft	melk	Milch
brus	Limonade	rødvin	Rotwein
eplemost	Apfelsaft	te	Tee
hvitvin	Weißwein	vann	Wasser
kaffe	Kaffee	øl	Bier
lettøl	Leichtbier		

frokos - Frühstück

brød	Brot	pølse	Wurst
egg	Eier	rundstykke(r)	Brötchen
flattbrød	dünnes Knäckebrot	salt	Salz
grovbrød	Vollkornbrot	smørbrød	belegtes Brot
ost	Käse	smør	Butter

fisk - Fisch

gjedde	Hecht	røye	Saibling
krabber	Krabben	sei	Seelachs
laks	Lachs	sild	Hering
makrell	Makrele	torsk	Dorsch
reker	Garnelen	åbbor	Barsch
rødspette	Scholle	ål	Aal
røkt	geräuchert	ørret	Forelle

grønnsaker - Gemüse/Beilagen

blomkål	Blumenkohl	poteter	Kartoffeln
bønner	Bohnen	ris	Reis
erter	Erbsen	sopp	Pilze
gulrot	Mohrrübe		

Dessert

fløtekake	Sahnekuchen	lefse	fladenartiges Gebäck
fløte	Sahne	pannekaker	Pfannkuchen
is	Eis	sjokolade	Schokolade
kake(r)	Kuchen	vaflor	Waffeln

Sprachführer für Autofahrer

Können Sie das reparieren?	Kann De reparere det?
Mein Auto hat eine Panne	Bilen har motorstopp
Wo ist die nächste Tankstelle?	Hvor er nærmeste bensinstasjon?
Bitte volltanken.	Full tank, takk
Wie komme ich nach ...?	Hvordan kommer jeg til
Wie weit ist es bis ...?	Hvor langt er det til ...?
Haben Sie noch Platz für ein Wohnmobil?	Har dere ledig plass til en bobil?
Abblendlicht	nærlys
Abschleppdienst	redningstjeneste
Auto	bil
Autobahn	motorvei
Autofähre	bilferge
Benzin	bensin
Normal, Super, Diesel	vanlig, super, diesel
Blinker	blinklys
Ersatzrad	reservehjul
Ersatzteil	reservedel
Fehler	feil
Fernlicht	fjernlys
Frostschutzmittel	frostvæske
Führerschein	førerkort
Getriebe	gir
Handbremse	håndbremse
Hupe	horn
Keilriemen	kilerem/vifterem
Kofferraum	bagasjerom
Kühler	kjøler

Lenkrad	ratt
Leihwagen	leiebil
Öl	olje
Panne	motorstopp/uhell
Reifen	dekk
Rücklicht	baklys
Scheinwerfer	lykt
Sicherheitsgurt	sikkerhetsbelte
Unfall	ulykke
Ventil	ventil
Vergaser	forgasser
Warndreieck	varseltrekant
Werkstatt	bilverksted
Winterreifen	vinterdekk
Wohnmobil	campingbil/bobil
Zündkerze	tennplugg
Zündschlüssel	tenningsnøkkel
Zündung	tenning
Zylinder	sylinder
Zylinderkopfdichtung	topp-pakning

Richtungen

Norden	nord	zurück	tilbake
Süden	sør	hier	her
Westen	vest	dort	der
Osten	øst	rechts	høyre
geradeaus	rett fram	links	venstre

Hinweisschilder

Bomvei	Mautstraße
bompenger	Straßengebühr
Dårlig veidekke	Schlechte Fahrbahn
Fartsgrense	Geschwindigkeitsbegrenzung
Forbikjøring forbudt/	Überholen verboten
Gjennomkjøring forbudt	Durchfahrt verboten
Kjør sakte	Langsam fahren

Lekeplass	Kinderspielplatz
Parkering forbudt	Parken verboten
Sperret	gesperrt
Stopp forbudt	Halten verboten
Veiarbeid	Baustelle/Straßenarbeiten

Buchtipps aus dem Conrad Stein Verlag

Oh, diese Norweger!

Ulrike Katrin Peters & Karsten-Thilo Raab
OutdoorHandbuch *Nachbarschaften*
63 Seiten ▸ 16 Abbildungen

ISBN 978-3-86686-803-8

Dieses OutdoorHandbuch wendet sich an all jene, die schon Erfahrungen mit Gruppenreisen haben und sich nun solo auf eine Wandertour begeben wollen, aber auch an Leute, die wenig Erfahrungen in Sachen Trekkingreisen haben, jetzt aber eine längere Tour angehen wollen.

Oh, dieses Norwegisch!

Martin Schmidt
OutdoorHandbuch Band 7
Fremdsprech
59 Seiten ▸ 10 Illustrationen

ISBN 978-3-86686-922-6

\>\> **Nordis**: *„Das Heftchen von Martin Schmidt bietet […] die wichtigsten Hintergrund-Infos zur norwegischen Sprache."*

SIGMA

18-250mm F3.5-6.3 DC Makro OS HSM

* Bei Registrierung des Produkts innerhalb 8 Wochen nach Kauf auf www.sigma-foto.de.

Darf's noch ein bisschen mehr sein? Noch breiter kann man mit einem kompakten 13,8-fach Super-Zoomobjektiv kaum aufgestellt sein. Es ist der ideale Begleiter auf jeder Reise, aber auch bei Landschafts-, Sport- und Makrofotografie wird das All-in-One Objektiv sein wahres Können zeigen. Mit der Makrofähigkeit und einer Naheinstellgrenze von nur 35cm über den gesamten Brennweitenbereich wird ein maximaler Abbildungsmaßstab von 1:2,9 ermöglicht. Die Größe des Motivs und der Bildausschnitt können durch Drehen des Zoomrings bequem verändert werden.

Erstmalig wurde das neue Material "TSC" (Thermally Stable Composite), das nur eine geringe Kontraktilität speziell bei unterschiedlichen Temperaturen aufweist und seine Struktur behält, bei der Produktion eines Objektivgehäuses eingesetzt.

www.sigma-foto.de
www.sigma-global.com

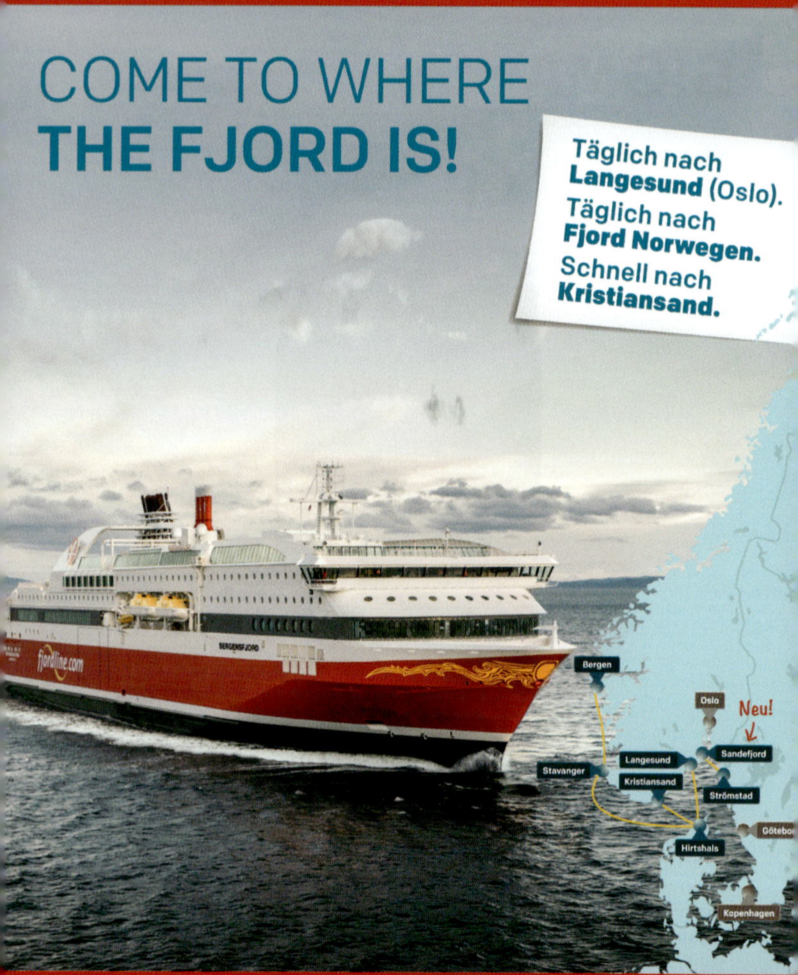
COME TO WHERE
THE FJORD IS!
Täglich nach
Langesund (Oslo).
Täglich nach
Fjord Norwegen.
Schnell nach
Kristiansand.
fjordline.com
BERGENSFJORD
Bergen
Oslo
Neu!
Sandefjord
Langesund
Stavanger
Kristiansand
Strömstad
Hirtshals
Kopenhagen

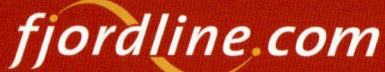

Der neue HYMERCAR:

365 TAGE ANDERS.

Gestern in den Bergen, heute am Meer, morgen in der Großstadt – und auf alles immer bestens vorbereitet. Dank kompakter Maße und intelligenter Innenraumlösungen eröffnet der neue HYMERCAR eine ganz neue Dimension der Freiheit und Flexibilität. Nicht nur auf Reisen, sondern auch im Alltag. Damit ist er nicht mehr nur ein Freizeitmobil. Er ist Ihr Freiheitmobil. Erleben Sie ihn selbst! Entweder beim HYMERCAR-Handelspartner in Ihrer Nähe oder auf **www.hymercar.com**

Für mehr Infos einfach QR-Code mit dem Smartphone scannen!

In Skandinavien unterwegs mit OutdoorHandbüchern und ReiseHandbüchern aus dem Conrad Stein Verlag

Dänemark: Wander- und Radführer Bornholm
ISBN 978-3-86686-290-6
Band 145, € 14,90 [D]

Grönland: Arctic Circle Trail
ISBN 978-3-86686-137-4
Band 137, € 12,90 [D]

Finnland: Bärenrunde
ISBN 978-3-86686-085-8
Band 85, € 9,90 [D]

Finnland: Pirkan Taival
ISBN 978-3-86686-319-4
Band 290, € 14,90 [D]

Island: Trekking-Klassiker
ISBN 978-3-86686-411-5
Band 28, € 16,90 [D]

Rund um Island auf der Ringstraße
ISBN 978-3-86686-390-3
Band 192, € 16,90 [D]

Skandinavien: Nordkalottleden
ISBN 978-3-86686-172-5
Band 172, € 9,90 [D]

Schweden: Sarek
ISBN 978-3-86686-365-1
Band 17, € 14,90 [D]

Schweden: Kungsleden
ISBN 978-3-86686-445-0
Band 18, € 12,90 [D]

Schweden: Padjelantaleden
ISBN 978-3-86686-261-6
Band 261, € 9,90 [D]

Schweden: Inlandsvägen
ISBN 978-3-86686-389-7
Band 322, € 14,90 [D]

Schweden: Dalsland-Kanal
ISBN 978-3-86686-370-5
Band 63, € 12,90 [D]

Dem Kommissar auf der Spur
ISBN 978-3-86686-132-9
Band 132, € 12,90 [D]

Schweden Norwegen: Nordseeküstenradweg
ISBN 978-3-86686-228-9
Band 228, € 14,90 [D]

Schweden Norwegen: Seekajaktour Göteborg - Oslo
ISBN 978-3-86686-232-6
Band 232, € 14,90 [D]

Skilanglauf in Norwegen
ISBN 978-3-86686-348-4
Band 305, € 14,90 [D]

ISBN 978-3-86686-350-7
Band 95, € 14,90 [D]

ISBN 978-3-86686-398-9
Band 82, € 14,90 [D]

ISBN 978-3-86686-412-2
Band 41, € 14,90 [D]

ISBN 978-3-86686-252-4
Band 252, € 14,90 [D]

ISBN 978-3-86686-179-4
Band 179, € 9,90 [D]

ISBN 978-3-86686-169-5
Band 169, € 12,90 [D]

ISBN 978-3-86686-803-8
€ 5,90 [D]

ISBN 978-3-86686-805-2
€ 5,90 [D]

ISBN 978-3-86686-206-7
Band 206, € 12,90 [D]

ISBN 978-3-86686-282-1
Band 282, € 8,90 [D]

ISBN 978-3-86686-110-7
Band 110, € 7,90 [D]

Fremdsprech Band 1
ISBN 978-3-86686-920-2
€ 5,90 [D]

Fremdsprech Band 2
ISBN 978-3-86686-921-9
€ 5,90 [D]

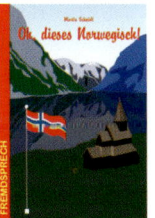
Fremdsprech Band 7
ISBN 978-3-86686-922-6
€ 5,90 [D]

Hier finden Sie alle bei uns erschienenen Titel zu Skandinavien.

Jeweils beschriebener Wegverlauf siehe Karte auf der nächsten Seite.

Conrad Stein Verlag GmbH, Postfach 1233, 59512 Welver, www.conrad-stein-verlag.de

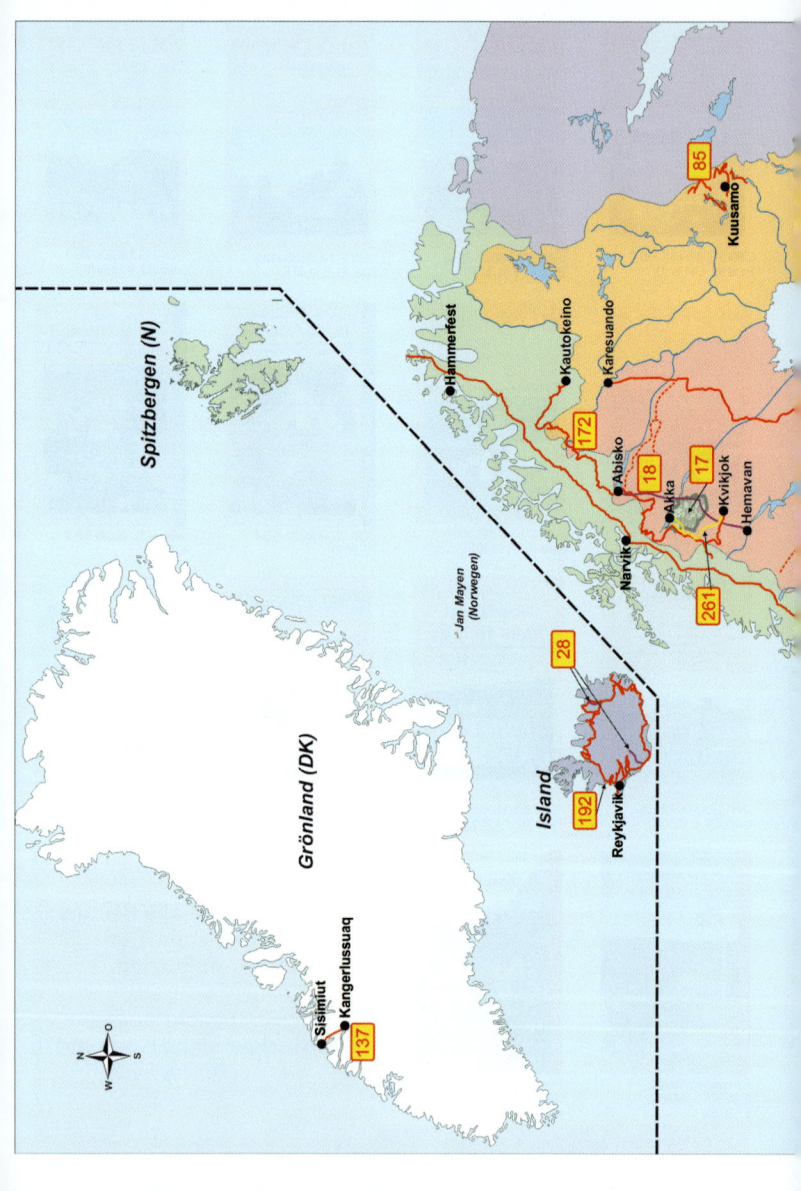

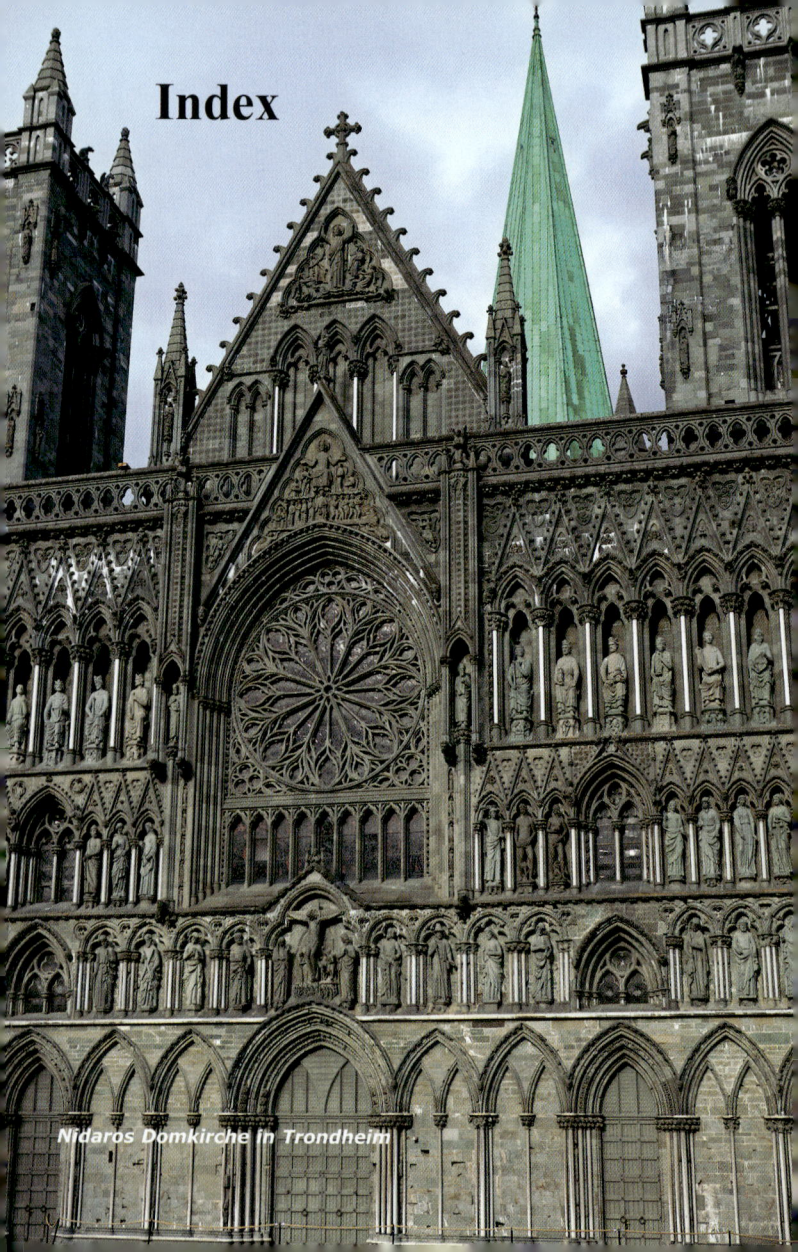

Index

Nidaros Domkirche in Trondheim

Index

A

Abblendlicht	56
Alkohol	55
Alta	130
Andenes	158
Angeln	46
Anreisevariante	144
Anschnallpflicht	55
Ärzte	40
Åsen	98

B

Baddern	128
Ballangen	117
Bergwandern	47
Berkåk	90
Bevölkerung	21
Biri	73
Birtavarre	126
Bjerkvik	120
Bjørgan	102
Bodø	160
Bøvertun	153
Brakkvasselv	104
Burfjord	128

C

Camping	52

D

Djupvik	126
Dombås	84
Dovre	84
Dovrefjell-Nationalpark	87
Dovregubbens hall	85
Dovreskogen	83

E

E 6	60
Eidsvoll	69
Einkaufen	28
Einreise	29
Elche	55
Elektrizität	30
Entfernungen	30
Essen	30

F

Fagerhaug	90
Fähren	26
Fahrradfahren	49
Fauna	16
Fauske	113
Fåvang	79
Fischerei	24
Flora	16
Foto	33

G

Galdesand	152
Gasflaschen	34
Geirangerfjord	148
Geld	35
Geografie	15
Geschichte	12
Geschwindigkeit	56
Gesundheit	35
Gildetun gjestgiveri	128
Gjesvær	137
Gletscherwandern	48
Granfossen-Wasserfall	99
Grånmyra	98
Grong	102

Grønligrotta	162	Kvalsund	169
		Kvam	81

H

Håkvik	117		
Halsøya	106		
Hamar	71		

L

Lågen	73
Lalm	151
Landwirtschaft	24
Langfjordbotn	129
Langvassagå	164
Levanger	98
Lillehammer	73
Literatur	38
Lofoten	154
Lom	151

Hammerfest	169
Harpefoss	80
Harran	103
Havstua	137
Heia-Gjestegård	101
Hjerkinn	86
Hobby	46
Honningsvåg	135, 136
Hotels	52
hytte	53

I/J

Information	35
Innhavet	115
Jedermannsrecht	36
Jostedalsbreen	147
Jotunheimen	150
Jugendherbergen	54

M

Magerøya	135
Majavatn	105
Manndalen	125
Mautgebühren	60
Mautstationen	39
Medby	112
Medien	40
Minnesund	69
Mitternachtssonne	40
Mittsommertag	41
Mjøsa	70
Mjøsabrücke	72
Mo i Rana	108
Moelv	72
Mørsvikbotn	115
Mosjøen	106

K

Kåfjord	135
Kanufahren	50
Karten	38
Kleidung	38
Klettergebiete	48
Klima	19
Korgen	107
Korgfjellet	107
Krokstrand	110
Krossbu	153

N

Namsskogan	105
Narvik	118

Nationalparks	41	Rotsund	126
Nord-Sel	83	Rudshøgda	72
Nordkap	138		
Nordkjosbotn	123		

O

Oksfjordhamn	127
Olderdalen	126, 135
Olsborg	122
Oppdal	90
Oslo	61
Oteren	124
Otta	82, 150
Øyjord	120

P

Pannenhilfe	42
Papiere	56
Polar Park	121
Polarkreiszentrum	110
Polarnacht	42
Post	43
Preikestolen	144

R

Rafsbotn	134
Rafting	50
Rastplätze	60
Rauchen	44
Rentiere	55
Repvåg	135
Ringebu	80
Rondane-Nationalpark	81
Rorbu	54
Røssvoll	109

S

Samen	22
Sarves	134
Sennalandet	134
Setergrotta	163
Sicherheit	44
Silsand/Finnsnes	159
Skáidi	134
Skarstad	117
Skibotn	125
Skilanglauf	50
Soknedal	91
Solberg	135
Sørstraumen	128
Souvenirs	45
Sport	46
Sprachführer	171
Steinkjer	100, 160
Stiklestad	99
Stjørdal	97
Stø	157
Støren	91
Storforshei	110
Storjord	116
Storslett	126
Straumen	114
Sundlia	122
Susjøen	73

T

Talvik	129
Tanken	50
Telefonieren	43

Tretten	78
Trinken	30
Trollstigen	149
Trolltun	85
Tromsø	164
Trondheim	91
Trones	103
Tunnel	51

U

Ulvsvåg	116
Unterkunft	52
Updates	55

V

Vågåmo	151
Verdal	98

Verkehrsregeln	55
Vinstra	80
Vorfahrt	57
Vuddudalen	97

W

Winterfahrten	57
Wirtschaft	23

Z

Zeitzonen	57
Zoll	57